SOLUTION

「相談から
はじまる営業」なら
こんなに売れる!

Yoshiro Mizuno
水野与志朗

同文舘出版

はじめに

顧客から見た「プロの営業マン」とは、いったいどんな存在でしょうか?

ひと言で言うと、「自分の役に立ってくれる営業マン」ではないでしょうか? 一方、営業マン自身が考える「プロの営業マン」とは、「売り方のプロ」となるかもしれません。

ここに、ちょっとしたボタンの掛け違いがあるように思われます。買うかどうかは、顧客自身が決めます。「いかに売るか」という発想では、もはや難しいことが多いのではないでしょうか。そこで本書では、顧客の考える〝プロの営業マンの仕事〟をご紹介します。

考えてみれば、私たちは常に誰かの役に立つために仕事をしています。それは、営業マンも例外ではありません。顧客の役に立つこと、そして喜んでもらうこと。その対価として私たちはお金をいただいてきました。お金だけでなく、「ありがとう」という感謝の言葉も、また対価です。対価の概念も変わってきていると思われます。役に立つこととお金は、これまで手段と目的のように位置づけられていました。これはこれでよいでしょう。

しかし最近では、「掛け値なしで役に立つこと」自体を目的とする営業マンも多く見られます。もちろん、ビジネスを度外視して、それを追求することは問題があるでしょう。しかし、本書で述べる営業マンたちは「許容範囲内」でのそのようなタイプです。興味深いのは、そのような営業マンは、「結果として」大きな売上げを手に入れている点です。「いかに売るか」は二の次なのです。

まさに、「顧客の目から見たプロの営業マン」と「営業マンの考えるプロの営業マン」がぴったりと合っているのです。

「みなさん、このたびは本当にありがとうございました。たいへんすばらしいお仕事をしていただき、感謝しています。プロジェクトでは、たびたび無理なお願いをしたかと思います。それにもかかわらず、お付き合いいただき、ご指導を賜りましたこと、あらためてお礼申し上げます。おかげさまで、ブランドXは大成功となりそうです。私は、生活者に直接商品を販売する会社の者として、これまでもさまざまなメーカーさんと商品開発をしてきましたが、今回のプロジェクトは私にとっても、また今後の私たちの仕事にとっても、たいへん意義深いものだったと理解しています。本当にありがとうございました。そして、引き続きよろしくお願いします」。

これは、本書の後半で紹介する顧客の言葉です。プロジェクトの経営答申が終わり、顧客が営業マンに向けた感謝の言葉です。そして、結果として非常に大きな売上げをもたらしてくれました。

S社（顧客）は、A社（営業マンの会社）にとっても、信じられないくらいの売上げを提供した。テスト・マーケティング期間にS社に納品された昨年の売上げに対して、今年の売上げは6300％を達成した。この数字は誤植ではない。昨年対比で63倍の売上実績を上げたのだ。

これも、本文に出てくる一文です。この売上げは最初から狙った数字ではありませんでした。ここには、「顧客の目から見たプロの営業マン」の仕事があったのです。つまり、「十分に顧客の役に立つ営業活動」が結果的に数字に結びついたのです。本書では、その考え方とプロセスについて具体的にご紹介します。

２０１４年８月

著者

● 「相談からはじまる営業」ならこんなに売れる！ ● 目次 ●

2章 競合プレゼンはこうして臨め! 顧客との関係性を構築するステップ

3章　社外も巻き込む組織対応チームで新価値を生み出せ！

4章　顧客とウィン・ウィンを築け！

装　丁／齋藤　稔
DTP／あおく企画

1

顧客は自分のビジネスで悩んでいる！

従来の営業では、顧客に付加価値を提供できなくなってきた

かつて営業とは、「品質」「コスト」「納期」が競争力でした。これは、〝QCD〟と呼ばれるものです ①製品自体のよさをしっかり顧客に理解させること（クオリティ）、②ボリュームに応じて、顧客の価格交渉に柔軟に応じること（コスト）、③顧客の希望する納期に合わせること（デイト・オブ・デリバリー）です。これを「ベンダー営業の3要素」と呼びます。

ベンダーとは、「納入業者」のことです。多くの会社、とくに歴史のある会社ほどベンダー営業をしています。さらに、企画提案営業もしてきました。顧客の問題を取り上げて、こちらから企画・提案を行なうという営業スタイルです。そのような活動を通じて、成果を出してきたこともあることでしょう。

ベンダー営業の3要素は、現在でも重要です。それは間違いありません。とくに、簡単な仕事ならこの要素で対応することができます。しかし、難しい仕事が増えている現代では、この3要素だけでは対処しきれないことが多くなってきました。どこの会社でも、高品質な製品を扱っているし、価格も手頃です。納期についても、物流システムは完璧です。提案営業も同じです。どこの会社も、何らかの提案をしています。多くの企画提案は、自社の売りたいものを

売るための理屈だというのも面白い現象です。

いずれにせよ、要するに横並び現象が起きているのです。そのような中で、われわれは差別化が困難になり、その結果、顧客から〝買い叩かれる〟ようになっているのです。

顧客が求めるのは、「品質」「コスト」「納期」プラス**「もっと大きな、漠然とした悩みを解決すること」**なのです。これは、企画提案営業のように一方的な解決策を提示することではなく、「相談」を必要とするレベルのものです。もっと大きなことを解決したがっているのに、一方的に自社製品の品質やコストを持ち出して「これが解決策です」と言われても、顧客はぴんとこないでしょう。

言うまでもなく、顧客の真のニーズを聞く以上に製品説明をする営業や、欲しくもないものを低価格で売ろうとする営業は、あまり気分のよいものではありません。かつてのような営業では、付加価値を生み出しにくくなっているのです。

売り込みを不要にする営業

顧客は自分のビジネスについて、もっとうまくやるにはどうしたらよいかと考えています。みんなが自分のビジネスやお客様のことで悩んでいます。どんなにうまくやっているように見える顧客でも、悩みがあるのは同じです。もし顧客に、もっとうまくやる方法を提示できたなら、営業マンは感謝されるでしょう。

顧客との信頼関係も強靭になります。最終的には「他社の営業とはひと味違う」「あなたから買いたい」と言ってもらうことができます。「相談される」ではじまる営業こそが、差別化された付加価値を生む営業の入り方なのです。

昔ながらの営業観に慣れ親しんでいる人は、「そんなことで売れるのか」と言うかもしれません。しかし、売れない原因の大部分は昔ながらの営業方法をベースに「売ろうとしている」ことにあります。

顧客の立場で考えてみてください。目の前にいる営業マンがあなたに何かを売りつけようとしたら、あなたはきっと引くでしょう。しかも言葉巧みにそれをされたら、その場から逃げ出したくなるのではないでしょうか。

それにもかかわらず、社内で実施される営業研修やトレーニングで、昔ながらの営業方法を教えているケースが散見されます。

逆に、「相談される」からはじまる営業では、営業マンも売り込むプレッシャーがありません。「いいですよ」「相談に乗ります」「うかがいます」と言うだけで、顧客とビジネスの話がはじまります。

しかも、顧客のほうが真剣に話をしてくれます。そう、顧客が話してくれること、そして営業マンは聞き役であることが大事なのです。商品を売ることを目的としないので、営業マンは顧客と対等な立場で、ニュートラルに話すことができます。その態度は、顧客には信頼できるものに映り、相談に乗ってもらったこと自体を感謝します。

そして、最終的には「問題解決の道具」としてモノが売れます。私が**「売り込みを不要にする営業」**と呼んでいる理由はここにあります。

世の中の〝ソリューション〟はキレイごと

相談したいというニーズを満たすものは、「商品を売る以上に、ソリューション（問題解決）を与える」ことです。ソリューションなどと言うと、「そんなことは知っている」「聞き飽きた」というのが正直な感想かと思います。

しかし、私が申し上げているのは、キレイごとでないソリューションの提供です。世の中に、ソリューションを掲げる会社は多いのですが、私の感想では、それらは「モノを売るための便宜的な言い回し」に終わっていることが多く、本当の意味でのソリューションにはなっていないのです。

企画提案営業は、その典型だと考えています。顧客の問題を解決する企画を持ち込み、それに関連する自社製品を買ってもらうという発想です。一見、ソリューションに近いのですが、頼まれてもいないのに提案する段階で、顧客は「ソリューションを提供するように見せた売り込み」と感じます。

そうならないためには、顧客が本当に問題を何とかしたいと考え、その結果、顧客から相談を持ちかけるというプロセスが必要なのです。営業マンが、最初から「企画提案書」を持ち込むというのはおかしいのです。まずは、どんなことに悩んでいるのか聞く段階であって、提案はその後です。

つまり、手ぶらでうかがって話を聞くことからはじまるのです。本当のソリューションとは、顧客からの相談をベースに提供されるものです。

ソリューション営業とは？

営業マンは最終的にソリューションを与えるので、これを「ソリューション営業」と言います。ソリューション営業のコンセプト自体は、コンサルティング業界やＩＴ業界が隆盛を極めた頃から本格的に知られるようになりました。多くのＢ２Ｂのビジネスで取り組んでいますので、今やとくに珍しいものではありません。

しかし、本当にソリューション営業ができている会社は意外と少ないのではないかと思われます。多くは、企画提案営業と混同していたり、まるで吊るしのスーツを上から下まで着せるような既製服型のソリューションです。私が本書で提示したいのは、本物のソリューション営業です。その実態をご紹介します。

ベンダー営業では、顧客に付加価値を提供できなくなっている現在、ソリューション営業こそ必要と思われます。まさに〝古くて新しい手法〟です。

「売る」という発想ではなく、「相談されて解決する」という発想なので、顧客も喜んで話を聞いてくれるし、一所懸命、自分の問題について語ってくれます。そう、繰り返しになりますが、顧客が積極的に話してくれることが営業では大切なのです。

顧客が欲しい商品を言ってくれるので、こちらが買うように勧めることはあまりありません。その代わり、何が適切かとアドバイスを求められることはあります。だから勧める必要がないのです。

そしてアドバイスしたものは、高い確率で受け入れられます。値引きを要求されることも滅多にありません。まるで、よく行くアパレルショップの、お気に入りの店員との関係性に近いものがあります。それは「あなたの勧めるものなら、まず大丈夫ですから、見繕《みつくろ》ってくださ い」というものです。

そのとき店員は、「売りたいもの」や「売上げの下心」を消して、あくまでもお客さんのためによいもの（問題解決するもの）を勧めます。そして、それを買うことにお客さんは満足します。

たいへん面白い現象だとは思いませんか？　本来、経済学では売り手と買い手は対立的な関係にあって、買い手は「いかに安く買うか」を、売り手は「いかに高く売るか」を考えるものですが、ソリューション営業では買い手と売り手が協業的な関係の中で、お互いを信頼し、リスペクトし合いながら売買が進むのです。

もし、お客さんの利益に反するようなものを勧めたら、そのときには「普通の店員さん」以上に、今後の付き合いは難しくなります。ここにあるのは〝信頼関係〟なのです。「あなたは私をだまさない」という暗黙の約束です。ソリューション営業というのは、それを態度で示すことでもあります。キーワードは「対話」「専門性」「コミットメント」です。

「対話」とは、顧客の問題やニーズをきちんと理解し建設的な議論ができること。「専門性」とは、顧客以上にその分野についてよく知っており、的確なアドバイスができること。そして「コミットメント」とは、顧客の問題を自分の問題と捉え、貢献する覚悟があることです。難しい仕事、複雑な問題には「顧客と一緒に考え知恵を出す」ことが求められます。そのとき、営業マンはファシリテーションのスキルが求められます。

このような営業をはじめると、必ず大きな案件が舞い込んできます。大きな案件を引き寄せるのです。世の中から、そのような高度な問題解決ができる会社だという認識を持たれるため、必然的に大きな案件が増えるのです。

事実、ソリューション営業は大きな案件にこそ適しています。「手の込んだ営業」ですが、それ以上に大きな見返りがあるものなのです。

さて、本論に移る前のオリエンテーションはだいたい終わりです。いよいよ、具体的なお話に入っていきます。より実践的で効率的に説明するために、ケーススタディを交えながら紹介します。

ケーススタディは「はじめに」で、ちょっとだけ登場したS社の話を中心に、その陰の立役者であるA社のソリューション営業について述べます。このケーススタディは、消費財企業の業界を中心としたものになってしまったことはご容赦ください。

またケーススタディは、その性格上「ゴシック体」「である調」で書き進めます。そのほうが読みやすいかと思います。その後に「考察」を加え、考え方や方法論の抽出・解説を行ないます。

ケーススタディ①

コーヒーブランド〝ブランドX〟の梃入れ

▼〝真に生活者のハブになる〟

S社でコーヒーカテゴリーのマーチャンダイザーを務めるM氏は、オフィス近くの自社直営コンビニ店舗でコーヒーを飲みながら思案していた。「まずいな。香りもイマイチ。これが150円か」自分が消費者だったら、これを再び買うだろうか？

S社は、コンビニエンスストア企業だ。全国で1万店以上を展開している。最近の日本人はコンビニなしでは生活できないほどで、S社はごく身近な存在になっている。そのような中、経営陣から各カテゴリーの責任者（マーチャンダイザー）に、中長期3ヵ年の経営方針が伝えられていた。

それは、「真に生活者のハブになる」というものだった。ハブとは、〝拠点〟のことだ。あたかも電車が滑り込むプラットフォームのように、生活者（消費者）が毎日のように訪れる場所になること。そして生活者の必要なものを提供し、人々の生活をより豊かにすること。そのためには、コンビニだからといって「平均レベルの商品やサービス」ではダメだ。消費者は十分に豊かな生活をしている。また、よいものをよく知っている。そのようなレベルの高いニーズを満たすコンビニでなければ、ハブになることはできない。

もはやコンビニは、パソコンやスマホなどと並んで、生活になくてはならない存在である。誰もが食材や日用雑貨を求めるのみならず、銀行口座からの引出しや振込み、税金や水道料金の支払いもここですませる。そのような中で、S社は真のハブになることが経営方針である。

小売市場は刻々と変化している。S社に限らず、他の競合コンビニ企業も、そのような存在になるべくしのぎを削っている。またネットスーパーなど、デリバリーでの小売業も伸びてきている。もはや、スマホやパソコンで夕食の材料を買うことも珍しくない。人々の生活スタイルや買い物行動が大きく変わっていく中で、生活者にとって真のハブになれるか。競争は激しさを増している。

M氏は、自分の担当カテゴリーであるコーヒーで、そのようなハブ化を推進するマーケティングを行なわなければならない。そういうわけで、一人、店内のイートインに腰かけ、自社の提供するコーヒー〝ブランドX〟を味わっていたのだ。

▼コーヒーほど飲用シーンの多彩な飲み物はない

店内イートインのコーナーを見回すと、労働者風の男性がカップラーメンを食べながらおにぎりをかじっている。また、別の20代とおぼしき女性は、缶コーヒーを飲みながら化粧を直している。反対の席では、高校生たちがスマホの画面を見ながら菓子パンを食べている…。たしかに、生活者のハブであることは間違いなさそうだ。しかし何かが違う。

M氏は自分の生活を俯瞰してみた。世の中を見回すと、カフェでの外食や中食文化はずいぶん日本人に根づいたように思われる。とくに、コーヒーはそこで消費される代表的な商品だ。スタバを見ればそれは明らかで、人はそこで1時間でも2時間でも過ごす。ノマド型のオフィスとしてネットにつながり仕事をする人。試験勉強をする学生。もちろん、友達とのおしゃべりや、ただ、ぼーっとするためだけに訪れる人もいる。そして、その横には必ずコーヒーがある。おいしいコーヒーだ。

考えてみれば、コーヒーほど飲用シーンの多彩な飲み物もない。イートインでもテイクアウトでもOK。会議でも出されるし、持ち歩きながら飲むことも許される。何も食べたくないとき、ちょっとくつろぎたいとき、気分をしゃきっとさせたいとき、そんな生活の気分に合わせて、そこにはおいしいコーヒーがある。
「今提供しているブランドXでは、消費者のニーズにまったく応えられていないのではないか」と、M氏は自責の念に駆られながら考えた。「本当に消費者に喜ばれるコーヒーを開発しなければならない」。

▼試行錯誤の歴史

思い返してみれば、S社ではこれまでもコーヒーをどうするかで試行錯誤してきた歴史がある。もともとは「ストーブ型」と言って、ドリップしたコーヒーをサーバーごと電気ストーブの上で保温する方式を採っていた。一般家庭のコーヒードリッパーと同じ方法だ。しかし時間が経つにつれ、熱に弱いコーヒーは香りが飛び、煮詰まり、味は劣化し、やがては店内を焦げたコーヒーの香りが満たすようになった。

その改良版として次に取り組んだのは、「カートリッジ型」と呼ばれるものだ。ローストしたコーヒー豆を粉末状にしてカートリッジで個包装する。そして、注文に合わせてカートリッジを開封し、一杯ずつその場で淹れる方法だ。しかし、これにも問題があった。コーヒー豆を粉末にした時点で香りは劣化しはじめる。在庫として保存する期間が長ければ長いほど、香りは弱まり、消費者の手に渡る頃には完全に香りが飛んでしまっているのだ。

そして現在は、「抽出型」と呼ばれる方式を採っている。ファミリーレストランのドリンクバーなどで採用されているものと同じ機械を使い、消費者の好みに合わせて、ドリップコーヒー、カフェ・ラテ、エスプレッソ、カプチーノ、マキアート、キャラメル・マキアート、アイスコーヒーなどを淹れることができる。味については、ある一定水準を満たしてはきたが、最近では販売杯数が下落傾向にあった。世の中を見回せば、スタバなどのコーヒー専門店は盛況を極めている。

S社でも、専門店ほどのレベルではないにしても、世の中のニーズに合致したコーヒーメニューを提供しているはずだ。しかも価格は半額程度である。消費者も、その価格に見合ったコーヒーとして、専門店ほどの味は求めていないはずだ。しかし売上げは芳しくない。それなら、味の問題は大きいのだろう。安いからと言ってこのレベルでは、消費者を満足させられないのだ。

M氏は味の梃入れを考えた。S社では、商品開発にメーカーやサプライヤーとチームを組んで共同開発するのが常套手段である。これをチームMDと呼んでいた。S社がプロジェクト・リーダーになって、原料メーカーや資材メーカー、機材メーカーなどと共同で、オリジナル商品を開発するやり方である。M氏もさっそく、コーヒー会社を呼んで、「生活者のハブ」に相応しいコーヒー、「新ブランドX」の開発をしようと考えた。

▼メーカーへのオリエンテーション

M氏は数社に声をかけることにした。いわゆるコンペである。提案内容を見比べながら、最終的に1社に絞り込むのである。候補として、コーヒー会社の大手Y社、P社を選んだ。Y社は業界の最大手だ。現在のコーヒー豆の仕入先で、現在のブランドXの味も一番把握しているはずだ。

一方でP社を参画させたのは、Y社ではこれまでの発想を超えることができない可能性があるからだ。新しい提案が欲しい。

コンペでは、経営方針（真に生活者のハブになる）を示し、現在の課題、そして提案してもらいたい主な内容について話した。「うちのブランドXは味に問題がある。もっとおいしいコーヒーを出したいと思っているが、提案をいただけないだろうか」と。M氏は、イートイン・コーナーで考えていたことをそのまま話した。

「Mさんは、味の悪さについて何が問題だとお考えですか？」と営業マンが聞いた。「コーヒー豆のグレードやブレンド、焙煎などいろいろあるかと思います。たとえば、ハンバーガーチェーンM社のコーヒーだって最近はおいしくなったじゃないですか。それで100円です。あのレベルを超えることを考えたいのです」。

「今のメニューの売れ筋は何ですか？」「やはり、カフェ・ラテが一番出ます」「では、ラテを中心に強化するような方向性がいいかもしれませんね」。

「現在のコーヒー豆のレシピはどうなっていますか？」「ブラジル、コロンビア、それにコストの問題もあり、インドネシアのロバスタを使っています。ローストはヨーロピアン・シティロースト。ラテやカプチーノには、フレンチローストかイタリアンローストかと思いますが、ドリップコーヒーやアイスコーヒーの需要も考えて、そうしています。メニューに合わせて豆を変えることはしていません」。

このような質疑応答を、それぞれの営業マンは行ない、オリエンは各社とも1時間程度で終わった。各社の営業マンは、1週間後に提案すると約束して帰って行った。

考察①

顧客の抱える問題は高度なものになっている

顧客自身が、自分のビジネスが見えなくなっている

ケースの中で、M氏は明快に「ブランドXの再開発」をテーマにしています。あまりにも単純なテーマなので、解決も簡単と思われるかもしれません。しかし、「S社ほどの会社が世の中に影響を及ぼすレベルでのコーヒーの梃入れ」だということを冷静に捉えると、必ずしも容易な課題とは言い切れません。まるで、「昼飯までにエベレストに登れ」と言われているようにも感じます。単純明快さは必ずしも容易さと同じではないのです。

それぐらい、企業担当者の抱える問題は高度なものになっているのだと思います。それはまた、私たちがソリューション営業を提供する時代的な背景でもあります。世の中は複雑な上に、担当者自身、自分のビジネスについて近視眼になっています。つまり、担当者にとってその仕事はあまりにも日常すぎて、単純に目の前のヒントに気づけないことも多いのです。

ここに、営業マンの付加価値があります。つまり、「知らない」ことが「知っている」よりも価値を発揮するのです。私たちは、M氏ほどブランドXのことを「知らない」ため、より自

由な発想とフレッシュな視点でコーヒーを見ることができます。

一方で、私たちは何かの分野の専門家として顧客から呼ばれます。そういう意味では、ソリューション営業とは、「専門家の初見」が大事だと思います。また顧客担当者も、そのような視点とソリューションを求めていると思っていいでしょう。

顧客の経営方針を理解しているか？

ただし、最低限知っておかなければならないこともあります。まず、顧客自身のことを知っていなければなりません。企業とは、何らかの経営戦略を基に動くもので、われわれ営業マンはそのお役に立とうとしています。つまり顧客の経営戦略、経営方針をきちんと理解していることが営業活動の大前提となるのです。M氏がブランドXを問題視したのは、S社の経営方針が前提にあるからです。


顧客の経営方針は、担当者のニーズを発生させる基になります。担当者自身も組織人として働いているので当然です。必ず、何らかの宿題を上司からもらっています。または、担当者自身が高い問題意識を持って、自身のやるべきことを意識していることも多いものです。

「得意先の経営方針はきちんと理解しているか」――これは、私が新人営業マンだった頃、上司からよく言われていた言葉です。きっとあなたも、同じように部下の営業マンに言っているに違いありません。また、同時に歴史や背景なども重要な情報です。経営方針の話ではありませんが、ケースの中でのブランドXの試行錯誤の歴史がそうです。

いずれにせよ、経営方針をきちんと理解していると、顧客のオリエン（仕事依頼内容）も、「聞く」以上によく理解できるものです。

事前に顧客のホームページを確認することは、言うまでもなく当然のことです。どこかで担当者に時間を取ってもらい、きちんと話を聞くのもいいでしょう。また、S社のような大手企業であれば、ネットや新聞などで経営方針が述べられることも多いものです。ときには、ソーシャルメディアや新聞や雑誌のほうが、担当者から話を聞くよりも正確なことすらあります。

今では、「グーグル・アラート」や「グノシー」のような、ウェブ上で流れている情報や書き込みを定期的に無料検索・配信してくれるツールもあります。それらのツールに顧客の名前を入れておけば、毎日または定期的にまとまった情報を手に入れることができます。

ただし、それだけでは「自分の興味のある情報」にしか接することができなくなるため、やはり新聞を読むことをお勧めします。新聞なら、自分の興味とは関係なく、世の中のトレンドやオピニオンを読むことができます。その中に、S社のような顧客企業の情報も当然含まれます。

私が驚くのは、新聞を読んでいる営業マンが意外にも少ないことです。何も、紙媒体の新聞である必要はありません。今では、「日本経済新聞」や「日経MJ」もウェブで購読できるし、それらの記事はウェブ上で流通している情報とは違う充実感があるように思われます。

顧客担当者が上司からもらった宿題は何か？

経営方針を前提にしたときに、顧客担当者が会社・上司から求められていることは何でしょうか。これを仮に、「担当者の宿題」と呼ぶことにしましょう。宿題を持たない担当者はいません。宿題とは「解決しなければならない問題」のことで、別名「課題」と呼んでもいいでしょう。

企業には必ず、「理想と現実のギャップ」があります。このギャップを埋めるために、何らかの手を打つのです。この打ち手こそが、担当者の欲しいもの（ソリューション）です。

たとえば、量販店のバイヤーは上司（会社）から売上げと粗利益が求められています。これが「担当者の宿題」です。そのためには本来、消費者志向であることが解決策ですが、それよりも手っ取り早く、メーカーへの条件交渉や納価の引き下げ交渉にスライドしがちです。これが、バイヤーの考える打ち手、ソリューションです。ブランド力のあるものを低価格で仕入れようと、バイイングに時間と労力を使うことに終始し、それが営業マンを悩ませます。

これでは、バイヤーと営業マンの駆け引きとなります。バイヤーは上から言われ、「粗利の改善」を営業マンにダイレクトに求めます。そして、それを言われるままに聞いていると、営業マンは「条件について社内に持ち帰ります」となります。

残念ながら多くの場合、バイヤーの意向に沿うものになります。そして営業会議などでこう言うのです。「非常に厳しい流通環境で値下げ要求が高まっている」と。

これが、概ね日常的に行なわれている商談です。

バイヤーは仮に納価を下げても、モノが売れなければ利益を出すことは難しいことを知っています。しかし、「どう売るか」についてはあまり話しません。それよりも、値下げ要求をすることで、バイヤーとしての会社内での役割をはたすことができればよいと思っているのです。

本当は、ここに営業マンの仕事があります。消費者が何を求めているのか、つまり量販店の店頭で、消費者のどういう「不」を解消しなければならないか、をバイヤーともっと話すといいのです。まともなバイヤーほど、そういう話のほうが大事だと理解しています。

このような話ができると、営業マンは新たな付加価値を示すことができます。そしてソリューションを提示できれば、ウィン・ウィンの関係になることができます。

リストラ対象者に共通した〝あること〟

顧客の悩みを正しく理解するために、「傾聴」することの重要性は言うまでもありません。営業は、もはやサービス業です。サービス業とは、顧客の悩みやニーズを吸い取り紙のように〝わがこと〟として捉えて、その上で適切なサービスを提供することです。吸い取り紙のように聴くことから、単なる「聞く」ではなく「傾聴」という言葉を使いました。このことをしっかり実施している営業マンは、高い顧客満足を提供することができます。

ある航空会社でのことです。その会社は、リストラを実施することになりました。継続的な乗客の減少の原因は、いったいどこにあるのか。低価格化が進む業界で、それほど高い値付けをしているわけでもなく、路線の問題もありません。経営陣は顧客に一番接しているキャビンアテンダントを中心に、数十人のスタッフを会議室に集めました。実は、この人たちがリストラ候補者です。そして日頃、自分が問題だと思っていることについて全員の前で発表する「課題発表会」を行なったのでした。すべての経営陣が参加した、大がかりな発表会です。社内にはリストラの噂もありましたから、スタッフたちは自分の考えを一所懸命に述べました。その様子を、経営陣はじっと見つめました。

それから数日後。社内でリストラが発表されました。先日の発表会での結果をもとに〝問題のあるスタッフ〟を選んだのです。対象者には立派な発表をした人も含まれていたし、逆に発表はたいしたことがなかった人がリストラを免れたケースもありました。経営陣は、いったい何を基準にリストラを決定したのでしょうか？

実は、そのとき経営陣が見ていたのは、発表内容ではなかったのです。実は、人が発表しているときの「聴いている側」を見ていました。誰かが発表しているときに、他のことをしているスタッフは誰か？　居眠りをしているスタッフは誰か？　ろくに聞いていないのは誰か？　スマホをいじっていたり、電話がかかってきて外に出たのは誰か？　つまり、「傾聴できないのは誰か」を観察していたのです。

重要な課題発表会だと言っているのに、その話すらまともに聞けないスタッフは、きっと現場でも顧客の要望や話をまともに聞いていないに違いない。顧客はそのようなスタッフにがっかりし、不満や怒りを感じ、そして離れていくのです。つまり傾聴することは、顧客に接する者にとって、非常に重要なことなのです。

このような事例を紹介したのは、〝灯台下暗し〟のごとく、傾聴が意外とできていないからです。多くは自分の考えを話すばかりで、顧客の話（ニーズ）をきちんと聞けていないように思われます。

仮に、その場で商品を売る商談であっても、本当は「顧客にしゃべってもらう」ことが大事なのです。顧客の根源的なニーズは、商品が何であれどうであれ、「自分のことをしゃべりたい」のです。

したがって、自分のことをしゃべらせてくれる営業マンは好かれます。そして買ってくれます。もっと言うと「しゃべっているうちに自分のニーズを確認して商品を買う気になっていく」のです。これは、ニーズを高める一種の〝自己暗示プロセス〟なのです。

よって、営業マンはしゃべってもらえるような商談をこころがけるといいでしょう。「聞き上手」とは、ただ相手の言うことを「うんうん」と聞くだけではなく、「訊き上手」「ＡＳＫ上手」でもあるのです。適宜、相手の話したいことを話させるように「適切な質問を振る」ことが大事です。これは、ソリューション営業の初回ミーティングでも同じです。

営業マンもまたコンサルタントである

初回ミーティングでは、担当者自身が自ら打ち手を考え出し、それに協力してくれないかと言われることもあります。また、Ｍ氏のように「打ち手そのものを一緒に考える」ことから仕事を依頼するケースもあるでしょう。ソリューション営業の対象になるのは、主に後者です。大きな問題や漠然とした問題、またはこれまで解決できなかった問題に対して、「打ち手そのものを考える」ところから一緒に悩むのが営業マンの仕事です。

このような営業は、経営コンサルタントの仕事に近いと言えます。私たちもやはり、「打ち手そのもの」を一緒に考えることを得意としています。営業マンは、もはやコンサルタントとしてのセルフ・イメージを持っていいし、持つべきだと思われます。

ときには、上司から言われたことだけを業者に伝える担当者もいます。まるで、伝書鳩のようです。なぜそれに取り組むのかを理解しないまま業者にオリエンをするわけですから、あまり深い話は聞けないかもしれません。このような担当者も珍しくありません。

そもそも、ソリューション営業がはじめられないのは、顧客側にも原因があるのです。担当者の上司は、ソリューションを求めているかもしれないけれど、担当者自身が理解していないために「コーヒーの品質向上」レベルで終わってしまうのです。

しかし、営業マンはぜひ、その背景にあるものを訊いていただきたいと思います。その場では答えてもらえなくても、後日、教えてもらえることもあるでしょう。常にそのような面談を心がけてください。

逆に、そうしないとオリエンは、単なる「発注」になってしまい、ベンダー営業のパターンに陥るでしょう。結局、競合プレゼンは「より有利な条件」になびくことになります。

もっと言うなら、目の前の仕事、顧客の言うことだけやっているから買い叩かれるのです。おいしいコーヒーが欲しい。これは「コーヒービジネスを改善したい」というのが真のニーズです。そのような気づきを担当者に与えられると、営業マンはソリューション営業の入口に立てるのです。では、ケーススタディの続きを見てみることにしましょう。

2

競合プレゼンはこうして臨め！顧客との関係性を構築するステップ

ケーススタディ②

各社の初回プレゼンテーション

▼P社のプレゼンテーション

プレゼンまでの数日、M氏は自社のコーヒーのみならず、競合コンビニのコーヒーやコーヒーチェーン、ハンバーガーチェーン、ファミリーレストランのコーヒーなどを飲み歩いた。一杯400円近くするコーヒーチェーンの商品は、さすがに旨い。

しかし、ファミリーレストランのドリンクバーで飲むコーヒーのまずさには辟易した。現在のブランドXと同様の、「抽出型」のコーヒーだ。「一杯ずつ抽出しているエスプレッソにして、この水っぽい味は何か。濃厚さというか、クリーミー感がまるでない。香りも弱い」「アイスコーヒーの味もやはり水っぽい。苦みにインパクトがなく、紙のようにぺらっとした味だ」「家で淹れるコーヒーのほうがマシだな。外食なのに、なぜもっとおいしいコーヒーが飲めないのか？　消費者がこんな味で満足しているとは思えない。いったい、誰が好んで飲んでいるのだろうか？」。

自社のコーヒーマシンと同じ形式（抽出型）で出したコーヒーを飲みながら、M氏の中で

考えてみればいろいろな人が飲んでいて、誰がターゲットかと言われると答えられない。それが原因で、誰に対しても物足りず、中途半端な味になってしまっているのかもしれない」。

プレゼン当日。まずは新規参入のP社からである。営業担当のみならずその上司、さらには企画部の人間も一緒にやって来た。そして、それぞれプレゼンルームにて、丁寧に製本された12ページほどのプレゼン資料を差し出した。S社からは、M氏の他に3人が参加した。

P社の提案はこうだ。「一番の売れ筋はカフェ・ラテと聞きました。そこで、ラテを中心にブランドXを強化するのが得策かと思います。まず、豆のブレンドを一部、ロバスタからアラビカに変え、このような比率にします。さらに、ローストのレベルをイタリアンローストにすることをご提案します。結果として、ドリップコーヒーやアイスコーヒーは捨てることになりますが、コーヒーのトレンドとしては専門店を見ればわかるように、こちらのほうにニーズがあると思います。よって、コーヒーマシンも見直してはどうでしょうか。やはり、ファミレスと同様の抽出型ではなく、コーヒー専門店と同様のエスプレッソマシンを導入し、本格的な味わいのものを提供してはどうでしょうか。安く仕入れられるよう、エスプレッソマシンのメーカーもご紹介します。店員は、バリスタとして弊社が教育します。コーヒーを一杯ずつ淹れるスタイルを取ってみてはどうでしょうか」。

M氏はたずねた。「なるほど、抽出型を止めて本格的なエスプレッソマシンを導入する、すべてをガラリと変える方法ですね。しかし、カフェ・ラテやカプチーノなら、スターバックスなどでごく普通に楽しめます。高価格ですが、それもさほど問題ではないようです。今さら、どうしてコンビニで買わなければならないのでしょうか？　どういう消費者を想定しているのでしょう？」。

そう、消費者だった。ファミレスのコーヒーを飲み歩いてM氏が引っかかったのはここだった。「ブランドXの消費者は、いったい誰でしょうか？　実は私自身、そこの分析ができておらず、P社さんなら客観的に答えていただけるのではないかと思います」。すると、営業マンが答える。「スタバほどの品質はなくても、低価格を求める人たちです。そういうものを求める消費者がターゲットです」。

「高価格のコーヒー専門店にこれほど人が入っているのに、低価格だからといって、消費者は本当に新しい価値、付加価値を感じてくれるでしょうか。私たちのやりたいことは生活者のハブになることです。むしろ消費者は、低価格に飽きているのではないでしょうか。ちょっと高くても、本当においしいコーヒーを飲みたいと考えているのではないでしょうか」。

営業マンとの面談は1時間ほど続いた。それなりに面白い面談だった。P社は新規参入のチャンスでもあるので、現在のY社が実施している方法を全面的に覆す内容だった。コーヒー専門店のトレンドも理解できるし、ラテにフォーカスするのも悪くないかもしれない。しかしコーヒーの話はできたものの、いったい誰にとってのコーヒーなのか、ターゲット消費者は、曖昧なまま終わった。

▼Y社のプレゼンテーション

次の日、Y社の営業マンとその上司が2人、プレゼンに訪れた。3ページほどの、ごく簡単なパワーポイントの提案書が差し出され、営業マンは、それ以外にもスクリーンとプロジェクターでプレゼンをした。提案はこうだった。

「M様から現在のコーヒーの問題は味であるとうかがいました。これは、弊社にとっての問題でもあります。そして現在、成功しているハンバーガーチェーンM社のコーヒーを挙げてご説明をいただきました。実は、M社様も弊社のお客様です。そこで今回は、M社様のコーヒーをベースにコーヒー豆やレシピの見直しをご提案させていただければと思います」。

提案は概ね、コーヒーのレシピ変更についてだった。やはり、現在の納入業者だけあって、あまり自分たちの味を否定するようなことはしたくないだろうし、また大胆な変化を提案するのも問題だと考えているのかもしれない。営業マンは味のポジショニング・マップを見せながら説明した。「縦軸はこれこれこうです。横軸はこう。われわれのコーヒーはこのテイスト・ポジションをターゲットにします」。そこで、M氏はまた質問した。「ブランドXの消費者ターゲットをどのようにお考えでしょうか？」。

営業マンが話す。「M社様のお客様同様、食事と一緒にコーヒーを飲まれる方や、手軽にほっとくつろぎたい方々です」「それはそうでしょうが、それがどのような人たちなのかを知りたいのです。たとえば性別、職業、年齢、収入などです」。営業マンはちょっと困った顔をして言った。「S社様くらいになると、ターゲットを絞って定義するのがたいへん難しいかと思います。M社様もそうですが、ほぼ全年齢、全職業、全収入レベルの方が都心部でも郊外でもコーヒーを飲まれます。ターゲットの定義そのものにこだわらず、コーヒーの品質について検討すればよいのではないでしょうか」。

M氏は、「それもそうだな」と思った。しかし、本当にそれでいいのだろうか？　これまでのブランドXは、そのように考えて商品開発をした。その結果が現在のような状況だ。考えてみれば、「ストーブ型」「カートリッジ型」「抽出型」という呼び方そのものが、売り手発想、商品ありきのネーミングとも捉えることができる。

M氏が言い方を変えて、再びたずねる。「味のポジショニングについて、もう少し質問させてください。問題は、その味が圧倒的マスレベルの消費者に受け入れられるかどうかですね。なぜ、そのテイスト・ポジションをターゲットにするのがいいのでしょうか？　私どもの店に来られる消費者は本当にそれを求めているのかを知りたいのです」。M氏はあきらめなかった。そして、しばらく話した後、営業マンはこう言った。「宿題として、一度持ち帰ります」と。

▼〝消費者についての話がまったくなかった〟

2社のプレゼンを聞き終えて、M氏は考えてしまった。P社はP社なりの大胆な提案だった。Y社もY社なりに納得できる提案だったが、どちらも「なぜ、それがブランドXを再浮上させるのか」の理由が弱かった。それはやはり、「誰を想定した開発なのか」の視点が弱いからだとM氏は考えた。ここでの納得感がなければ、P社の大胆な変更に賭けることもできないし、Y社の提案が根本的な解決になると確信することもできない。

「オリエンで言わなかった私が悪いのだろうが、どちらも消費者についての話がなかった。製品の話ばかりだった」――そんなことを考えたとき、M氏ははっと気づくことがあった。M氏はコーヒーを変えたいと考えてはいたが、本当は「コーヒービジネス」を変えたいのだった。現在のコーヒービジネスの閉塞感を打開するには、おいしいコーヒーを仕入れる以前に、戦略が必要だった。そのベースになるのは消費者だ。どのような嗜好性を捉えるのか、そしてどのような価値を提供するのか。

たしかに、オリエンテーションの時点では、そのような〝壮大な〟提案を求めたわけではない。しかし結果的に、そのような提案を各社に求めることになった。残念ながら、こちらの意図をそこまで深く読み込んだ提案は出てこなかった。「困ったな」――M氏は今後、どのようにしたらよいかとしばし考えた。提案はこれで終わりではなく、今後の再提案はいつでも歓迎なので、彼らには消費者視点を入れた提案をお願いした（最終的に、Y社、P社も最終プレゼンまで残ることになる）。

その一方で、現在の業者では閉塞感を打ち破れないのではないかとの思いもあった。それは、P社も含めてである。もっと他に、自分の知らないコーヒー会社があるかもしれない。そこで、家庭用のコーヒー・紅茶などの嗜好飲料を担当している同僚にも相談してみた。「実は、ブランドXのターゲット消費者をどう捉えるかで悩んでいる」と。

同僚は、「それだったら、A社に声をかけてみてはどうか」とアドバイスしてくれた。A社は、家庭用コーヒーの会社である。今回の2社はどちらも外食用コーヒーの会社だったから、少々、毛色が違う。「A社にKさんという人がいる。家庭用ブランドだけに消費者の知見は優れているよ。いつも勉強させてもらっている」と、同僚はM氏に進言した。

▼A社のK課長

M氏は早速、A社のK課長に連絡をした。A社は、テレビCMをやっているような家庭用ブランドをS社に納品している。棚に並べる商品だ。多くの消費財メーカーと同様、決まった得意先に出向き、新製品の紹介や店頭での販売促進の提案をする営業だ。S社も非常に重要な顧客であることは間違いない。

しかし、ブランドXのビジネスにはまったく関わっていなかった。この分野は、外食業界を得意とするコーヒー会社が中心で、A社はその分野での知名度はほとんどなかった。

A社の営業スタイルも、とくに特徴的なものがあるわけではない。ベンダー営業、または企画提案営業を基本とする、よくある会社だ。しかし、ソリューション営業に取り組まなければならないという声はA社にもあった。それが必要かどうかに異論をはさむことはなかった。ただ、他社がそうであるように、何となく昔からの営業を続けていた。

そのような中で、幸いにもK課長はちょっと〝毛色の違う〟営業マンだった。まず製品開発やマーケティングが元々の専門である。マーケティング部の製品担当として、これまでいくつも新製品やマーケティング戦略を作ってきた。多くの場合、マーケティングの人間は営業担当になりたがらない。しかし、K課長は違っていた。

K課長は、こんなふうに考えていた。

これまでメーカーは、いかに売れる商品を作るか、そしてそれをいかに売るかを考えるマーケティングだった。つまり、「作る」と「売る」の両方を考えなければならなかった。とくに問題は販売だった。しかし、彼のマーケティング成功仮説はこうだった。「もともと販売力を持っている流通と一緒に製品開発をすれば、おのずと販売ルートも確保できるのではないか」「販売問題が解決されるなら、コスト競争力をそれほど気にせず、本当によい製品を開発することができる」。ここには流通企業自体が寡占化し、1社で全国を十分カバーするような販売力を持つようになったことが背景にある。そうであるなら、最初から特定の流通企業と手を組んで、その得意先のみの特別な製品開発をしてみてはどうか。

▼流通からの要望を逆手に取る

何よりも、開発後の販売リスクを軽減する商品開発こそが確実な方法だと考えていた。K課長の発想は、いわゆるプライベート・ブランド（ＰＢ）の開発を逆手に取ったものだった。流通のメーカーへの交渉力は予想以上に強くなり、メーカーからの新製品提案よりも先に、ＰＢ開発の依頼が増えた。多くのメーカーはそれを嫌がった。

とくに、有名ブランドを持つ会社はそうだった。「わが社は、自社ブランドで喰っていく。下請け開発のようなことはやらない」と考えるメーカーは多かった。しかし、もはやそれでは爆発的なヒット商品を生み出すことは難しくなっていた。あまりにも多くの商品が開発されてきたが、結果は小枝商品や死筋商品を生み出しただけだった。その商品がなくても、消費者は十分満足だった。その結果、多くのメーカーがＰＢ開発に甘んじて、強力な流通企業のニーズを満たすようになっていった。

そのような状況を見ながら、Ｋ課長は流通から要求されることを、こちらが積極的に活用してはどうかと考えていた。たとえば、「特定流通企業に向けたナショナル・ブランド（ＮＢ）」という発想はどうか。または、「流通企業の品揃えやモノづくりコンセプトに合致するプレミアムＰＢ」はどうか。どのような形にせよ、自社の工場で作られた製品が出荷されれば、確実に売上げが立つ。そのような中で、自分のマーケティングや開発のスキルを活かしてみたい。

そして今後、もっと力を持つであろう流通と一緒になって、メーカー単独ではできない〝大きな仕事〟をしてみたい。マーケティング部に籍を置いていたのでは、そのチャンスが巡ってくることは稀だろう。Ｓ社のような流通企業の〝売る力〟を梃子にすれば、１００億円規模の新製品を生み出すことも可能ではないか。K課長が、S社を担当して2年になろうとしていた。そしてとうとう、そのチャンスが巡ってきたのだ。A社にはソリューション営業のノウハウはなかったが、幸いにもK課長がS社の窓口だったことで、A社はソリューション営業に本格的に取り組むことになる。

M氏からの連絡を受けて、K課長は「まずは、話を聞かせてください」と答えた。そもそもブランドXのような外食（業務用市場）製品は、K課長の部署の仕事ではない。そしてA社の外食向け営業部（業務用事業部）は、まだS社との取引はなかった。K課長はいい機会だと考え、業務用事業部の人間も連れていくとM氏に伝えた。

▼業務用事業部のN氏

K課長は早速、業務用事業部の企画部長N氏にS社のことを話した。N氏は、K課長に同意した。N氏も、今回のケーススタディの主人公である。

A社の外食部隊は、業界ではほとんど認知されていなかった。そのような中で、N氏は特異なキャリアを積んでいた。K課長が開発やマーケティングでキャリアを重ねてきた一方で、N氏は外食市場の専門家だった。カップコーヒーの自動販売機にはじまり、レストランやカフェ、コーヒー専門店などの市場に精通している。同時にこの市場では、コーヒーの品質自体についても深い見識が求められる。技術的な見識に加えて、クラシフィカドール（コーヒー鑑定士）の資格保持者でもある。

N氏がK課長に賛同したのはなぜだろう？「旨いコーヒーを、もっと世の中に広めたいと思っていた。S社の話は、それを実現する絶好のチャンスだと直感した」とN氏は言う。同時に、「うちは家庭用製品の会社と思われているけれど、本当は外食向けの提案もできることを示したかった」とも言う。

こうして、営業マンにしてマーケティングの専門家と外食とコーヒーの専門家が揃った。K課長とN氏は、事前にM氏が電話で話したこと、とくに消費者についての問題意識を共有し、簡単な打ち合わせをしてオリエンに臨むことにした。

▼意見交換、フリーディスカッション

当日、K課長とN氏は手ぶらでM氏を訪れた。「今回の案件は、単なるコーヒー商品の提案ではなく、S社のコーヒービジネスそのものをどうするかという大きな問題だと考えました。これに対する明確な答えというものは、現段階ではまだありません。ましてや、われわれはブランドXについて十分に理解しているわけでもありません。本日は、Mさんのお話をうかがいながら、おそらく複雑に絡んでいるいくつかの課題を解きほぐし、意見交換をできればと思い

ます。そこで今回は、業務用企画部から専門家を一人お連れしました」。

M氏は納得し、感謝した。そして語りはじめた。「消費者です。現在、S社には1店舗に1日1000人ほどのお客さんが来店します。まず彼らが誰なのか、そしてニーズというものが、恥ずかしながらわかっていません。コーヒーの味は、正直まずいです。スターバックスはもとより、ハンバーガーチェーンのコーヒーと比べても明らかに劣っています。われわれのコーヒーを飲む消費者は誰で、どんなコーヒーが求められているのか。そのようなことから、つまりすべてをゼロベースに戻して発想しないといけないと考えています。これまでも、街のカフェでみるようなグルメタイプのコーヒーをメニューに入れましたが、お客さんの反応はイマイチでした」。

▼日本人に合うコーヒーとは？

M氏は滔々と話をしてくれた。K課長とN氏はじっくりと聞いていた。そして、K課長が口を開いた。「ターゲット消費者が誰なのかということですが、家庭用市場では主に主婦をターゲットにするのに対して、ブランドXのターゲットはもっと広いようですね。それだけに、現在のお店で買っていかれるさまざまな消費者を見ていても、なかなか明確な答えは見つからないでしょう。また今後、ブランドXをあらたな付加価値を持つものとして再定義するのであれば、過去のデータを見ていても正しい答えには到達しないかもしれません。今後どうありたいかの、何らかの戦略仮説に基づいて消費者を読み解く必要があります。では、その戦略仮説とは何か？　S社が〝真に生活者のハブになる〟ことを考えるのであれば、現時点では、ほぼ日本人全員に受け入れられるコーヒーであることです。つまり、ターゲット消費者とは日本人全員であり、日本人のコーヒーの嗜好性について理解するのが正しいアプローチではないでしょうか」。

M氏がたずねる。「それでは、消費者ターゲットを明確に決める以前のところに、われわれはいるということでしょうか？」と。K課長が続ける。「そうだと思います。よって、まずは日本人のコーヒーの嗜好性、普遍的なニーズについてお話をしようと思います」と。

続けて、N氏がたずねた。「最近、スターバックスに行かれたことはありますか？」「はい、行きました」とM氏が答える。「何か感じることはありましたか？」「はい、いろいろな消費者がエスプレッソベースのコーヒーをごく普通に飲んでいました」「そうですね、実はスタバの店頭でコーヒーを買うお客さんを見ていて面白いことに気がついたのです」。M氏が興味深そうに身を乗り出した。ミーティングの流れが変わる瞬間だった。N氏は続けた。

「スターバックスの店頭で、注文する消費者をじっと眺めていました。すると、意外にも普通のドリップコーヒーを注文するお客さんが多いことに気づきました。

弊社にも、いくつかのコーヒー別の実績データがあります。早速、社内のデータを過去3年間、見直してみました。データを見ると、ここ10数年でエスプレッソタイプのものが増えました。しかし近年では伸びが鈍化しているのです。一方、〝堅調に最大ボリュームを確保している製品〟があることに気づいたのです。しかも、それはここ3年間、売上げが増加していました。それがスタンダードなドリップタイプのコーヒーでした。ブームがあってエスプレッソタイプは浸透したけれど、日本人には本来、ドリップタイプのスタンダードな味のもののほうが合うのではないか、つまり本当の定番になり得る、消費者ニーズをより捉える製品はドリップタイプではないかと、新たな仮説が生まれた瞬間でした。

では、なぜドリップなのか？　さらに調べました。どうやら水が関係しているのではないか、という第二の仮説が生まれました。本来、ヨーロッパのような〝硬水〟の地域では、コーヒー豆の旨味を引き出すのに、エスプレッソマシンで圧力をかけて無理やり抽出しなければならない。硬水の特徴として、味が染み出しにくいからです。事実、ヨーロッパのソース文化は硬水が前提にあります。しかし、日本の水は〝軟水〟。軟水は、逆に味が染み出しやすいのが特徴です。〝だし文化〟はそれと関係があります。コーヒーも、エスプレッソ抽出のような作り方をしなくても、だしをとるのと同じく、ペーパードリップでコーヒーの旨味を十分に引き出せます。そして、だし文化の日本人の舌にはドリップ式のほうがおいしく感じるのです。実はみんな、挽きたて淹れたてのドリップコーヒーが一番旨いと思っているのではないでしょうか。

ドリップタイプが好まれるのは、日本人が本来、食品に自然な風味を求める傾向があるのにも関係があります。コーヒーにもそれは言えます。ミルクや砂糖を入れて飲むこともあるけれど、それはかつてコーヒーの品質があまりよくなかった頃、ミルクや砂糖で〝味をごまかす〟ために入れていたのではないか、と私は考えています。実際、最近の日本のコーヒーは非常に高品質になったため、ストレートで飲む人が増えています。ストレートで飲んでも十分おいしいドリップコーヒーこそが生活者のハブに相応しいコーヒーなのです。

これは、私どもの戦略仮説なのですが、S社ブランドXは、現在のラテやカプチーノを中止して、ドリップコーヒーにフォーカスしてはどうでしょう。ラテやカプチーノはスタバで飲めばいいのです。その代わりに、普遍的なニーズのあるドリップコーヒーでナンバーワンになる。

日本人のそうした嗜好性と日本の軟水を前提としたコーヒーこそが、消費者ニーズにマッチすると思われます。また最近の消費者は、とくに女性やアクティブ・シニアを中心に、高品質なコーヒーに慣れています。いまさら強烈な焙煎でマスキングをしたものや、雑味のあるようなコーヒーはいくら100円でも飲まれません。砂糖やミルクを入れなくても飲める、〝ドリンカビリティのあるコーヒー〟が求められています。もしそのような考えに賛同していただけるなら、これからお手伝いをさせていただけるかもしれません」。

日本人の嗜好性はドリップコーヒー。砂糖やミルクを入れなくても、ストレートでコーヒー本来の旨味を味わえるコーヒー。ラテやカプチーノはスタバで飲んでもらえばよく、ブランドXはドリップコーヒーでナンバーワンを狙う……。これならブランドXを再生できるかもしれない。消費者の話も説得力がある。M氏は感心しながら言った。

「いや、たいへん勉強になりました。本当にその通りだと思います。おもしろい戦略ですね。目からうろこですよ」。そしてM氏は続けた。「現在、ブランドXのプロジェクトはまだどこのメーカーさんと取り組むか決めかねている状況です。もし協力していただけるのであれば、ぜひ、そのような提案書を書いてもらえないでしょうか」。

考察②

相手のニーズについて対話を促進し〝ファン〟になってもらう

変化のチャンスを感知できるか？

A社のソリューション営業は、K課長がS社に呼ばれたときから実質的にはじまりました。実はソリューション営業とは、このように〝ちょっとしたきっかけ〟ではじまるものと思われます。ところで、もしあなたがK課長の立場だったら、M氏の申し出に応えるでしょうか。残念なのは、多くの会社でそのような変化のチャンス（兆候）に気づけないことです。

またはチャンスを脅威と捉え、否定的な見方をして取り組まないこともあります。ここには営業の慣性が働いています。変化に機敏に対応できない、または変化自体を恐れるのです。

事実、そのような兆候はこれまでもあったに違いありません。たとえば、S社のような案件なのに、ベンダー営業型の提案をしてしまったケースはなかったでしょうか。または「わが社では対応できない」と結論づけて、挑戦や努力を怠り、あいかわらずの営業を続けてはいないでしょうか？　そのようなことがあったとすれば、そのときが本当に「変わりどき」だったのです。市場環境に適応するチャンス、自分たちが一皮むけるチャンスでした。

営業マンは、ビジネスを肌身で感じる立場にあるし、過去に立派な仕事をしてきた人も少なくありません。それなのに変われなかった会社には、「何とかなるのではないか」という甘い現状認識があったように思います。その甘い認識は、営業部そのものの体質かもしれません。体質強化の取組みをしている営業部（会社）は少なくありません。成果の上がることもあれば、そうでないこともあります。しかし、もし「本質的に変われていない」とすると、その原因は「今のままでも何とかなるのではないか」という思いにあります。私たちも、あらためて襟を正したいものです。

製品説明に終始しがちな商談

さて、ケースの中で、M氏のニーズがオリエンテーションの内容とはどんどんズレていったのがわかるかと思います。プレゼンをするY社、P社にしてみたら、アンフェアだと言うかもしれません。しかし、このようなことは実際のプレゼンでは多いものです。悩み事を相談したいという場合、むしろこちらのほうが多いかもしれません。オリエンから時間が経つうちに、担当者の考えがどんどん進化することもあるし、その間に解決していることもあります。

もともとは、ブランドXの味をどうするかが気になっていた。しかし、いろいろなコーヒーを飲み比べているうちに、ただおいしいだけのコーヒーを作っても問題は解決しないだろうと確信したのです。

オリエンテーションのときに本当の課題を聞く、または課題の背景にある意図を確認することの重要性は、強調してもし過ぎることはないでしょう。M氏がこの時点で求めていたのは「消費者に関すること」です。

そもそも〝おいしいコーヒー〟というのは、それを飲む消費者を前提にして〝おいしさ〟が決められます。消費者についての圧倒的な情報不足を、M氏は感じていたのでした。

プレゼンに呼ばれた各社は、そのようなM氏の関心にその場で的確に応える必要がありました。ケースでは極端と思える結び方をしていますが、実際にも〝当たらじといえども遠からず〟です。

私の感想では、営業マンは製品の説明に終始しがちで、「消費者」や「顧客のお客様」については、あまりにも知らないことが多いように感じます（技術系出身の営業マンならなおさらで、そのときはもっぱら技術の話に終始します）。

なぜ、製品説明に終始するのでしょう。ここに、従来からのベンダー営業のパラダイムを見ることができます。「品質」「コスト」「納期」の「品質」の部分は、日本企業の営業トークの王道でもあります。製品のよさを伝えることが営業の大事な仕事と認識されてきました。

しかし、高度な問題を抱える顧客が欲しいのは「どうしたら、自分のビジネスがうまくいくか」というものです。もちろん、製品が解決策になることもあるのですが、M氏の場合はそうではありませんでした。

コーヒー製品に加えて、コーヒービジネスの根幹にあるもの、つまり消費者の話をする必要があったのです。M氏のオリエンに沿うには、製品の説明も大事ですが、少なくともプレゼンでは消費者について受け答えができなければならなかったのです。

顧客自身も忘れがちなこと。常に「顧客のお客様」であれ

営業マン自身が、顧客のお客様について知っていることは非常に大事なことです。極端に言うと、営業マンは顧客を喜ばせる以上に、顧客のお客様を喜ばせることを念頭に営業をするとよいのです。最終消費者を喜ばせるような提案こそが、結果的に目の前の顧客も喜ばせることになります。

よって、営業マンは顧客のお客様についてよく知っていなければなりません。S社のような、消費者を相手にするビジネスであればなおさらです。しかし、実際には新製品の案内や納入条件の話に終始しがちです。

私は長年、消費財をスーパーマーケットやコンビニなどのお客さんに売る仕事をしてきました。最も消費者に近いところでビジネスをする業界です。

しかし、そこでの商談とは、消費者から遠いところで行なわれることも多かったと認識しています。

何も営業マンだけの責任というわけでもありません。ときには、バイヤーもまた、消費者のことを常に念頭に置いているわけではないと感じていました。むしろ、社内の事情のほうが大きな問題でした。

私が営業マンをやっていた頃は、不景気・価格破壊という市場環境もあり、粗利をどれほど取れるかが主な関心事でした。ＰＯＳデータを見て、品揃えや棚割りをすれば消費者志向だと言えるほど、彼らの仕事は簡単ではなくなっていました。

ポイントになるのは、店頭での〝消費者の「不」〟を知ることでした。私は、バイヤーと納価商談をする以上に、売場を徹底的に見て、店頭実験を繰り返しながらＰＯＳデータでの検証に力を注ぎました。

そして、その情報をバイヤーと共有することに時間を割きました。そうすることで、不思議とバイヤーとの間に心理的な信頼関係が醸成され、あまり「買ってください」と言わなくてもモノが売れました。

意外と、簡単で基本的なことです。「売場を見る」「消費者として感じてみる」「実験と検証」——とくに、実際に消費者として店で買い物をすることは大事なことです。または買い物に出かけたけれど、「買うものがなかった」という体験をすることです。単純なことですが、私はこれを「いたこ化」と呼んでいます。恐山の「いたこ」のように、消費者に憑依する感覚です。バイヤーも営業マンも、簡単なことなのに意外とやっていないように思われます。

なので、そういうことをまじめにやる営業マンは、バイヤーに対して迫力のある話をすることができます。「実験と検証」も効果的でした。実効性の高い仮説のヒントとは現場にあるものだし、実際に、机の上ではなく、「動きながら作る」ものなのです。そして、営業マンは店頭にある〝不〟を解消する施策をバイヤーと実施する。

多くの場合、それは単なる商品の話を超えて、商品カテゴリー全体、または量販店ビジネスそのものをどう変えるか、という話になります。

最初のミーティングでファンになってもらうには？

最初のミーティングで、顧客にファンになってもらうことができると、後々仕事はやりやすくなります。別の言葉では、「ブランディングしてしまう」とも言えます。単なる業者ではなく、一目置かれる存在の営業マンとして認知してもらうには、どうしたらいいのでしょう。

それは、M氏が最後に言った言葉にヒントがあります。「たいへん勉強になりました」です。そのように言われるためには、「傾聴」の後に行なわなければならないことがあります。それは、「解決の方向性をその場で示す」ことです。N氏はそれを見事にやりました。これは、その分野での専門性を身につけていないと、なかなか難しいと思われます。

営業マンは自分の売り物についてだけではなく、業界地図や他社情報、製品カテゴリーの進化の方向性（トレンドや将来イメージ）その他、諸々について、常に勉強していなければなりません。

このようなものは、「まとめて一度に身につける」というよりも、常にアンテナを立てて勉強（情報収集）を続けるスタイルが一般的で、私の知っている優秀な営業マンたちは総じて「勉強好き」です。

とくに専門性については、どれほど強調してもし過ぎることはないでしょう。実は、顧客が営業マンをプロと見なすかどうか、一味違うとみなすかどうかも、専門性の深さと関係があります。専門的な知見とノウハウを提供してもらうことで、問題解決の糸口を見つけたいのですから当然です。

営業マンは専門家として、顧客と最初に話すときが一番ワクワクする瞬間ではないでしょうか。コンサルタントとしての私自身もそうです。はじめてうかがった企業で、「実はこのような問題を抱えていまして……」とお話をうかがうときほど、全身が耳になっているときはありません。

そして、私は私の専門家としての知見をもとに、その場である程度の解決策を示します。あまり情報を持たない状態でのインスピレーションによる意見交換、これもまた非常に楽しいものです。

そのような会話の中から、クライアントさんは別のインスピレーションを感じて考えを整理することができて、最終的には「たいへん勉強になりました」と言ってくださいます。

多くの営業マンにも、そのような経験があるに違いありません。とくに優秀な営業マンは、自分の中のデータベース（過去の顧客との経験値や成功事例）に基づいて顧客の話を聞くものだし、その場で解決策を示す人も少なくないのです。

顧客を驚かせる効果

そのような専門性を前提に、初回の面談でファンになってもらう「決定打」は何でしょうか。顧客は、最初に営業マンに会うとき、必ず何らかの期待値を持っているものです。それは、「コーヒー会社の営業マンだから、少なくともコーヒーについては詳しいだろう」などといったものです。そして、営業マンに会って話をしてみて、当初の予想通り、コーヒーについて詳しく話してもらえるとしたら、それは期待通りの結果であって、「驚き」はありません。

しかし、N氏のようにM氏が抱いていた期待値を大きく上回ることができると、そこには「驚き」が生まれます。この驚きこそが、営業マンの評価を高めます。言葉を変えると、驚きを与えることで、営業マンは「ブランド」と見なされるのです。これが、ファンになってもらうコツです。初回ミーティングで「掴んでしまう」と言ってもいいでしょう。

飲食店を回っている、ある酒類卸の営業マンは、得意先からカード決済会社の相談を受けました。本来なら、彼の専門とは別業務の話なので、「それでしたら、決済会社をご紹介しますよ」ですむ話なのですが、彼は違いました。その分野のことを調べ上げ、顧客のために一緒になって決済会社を選ぶ労を惜しみませんでした。「そこまでしてくれるのか」と顧客は感動しました。ここにも「驚き」があります。もし、顧客が彼にお酒のことについて相談したなら、一緒に悩んで解決策を出しても、そこまで驚かなかったかもしれません。

しかし、お酒以外の相談でそこまでしてくれたので、大いに驚いたのです。そういう意味では、「自分の専門分野以外の相談」を持ちかけられたときこそチャンスなのです。そこで、うまく驚きを与えることができると、顧客はファンになってくれるのです。

ケーススタディ③

最終プレゼンまでのプロセスとは?

▼コーヒーの品質には問題ない

M氏に提案書を出すに当たり、K課長がまず向かったところはA社の研究所だった。ブランドXを持ち込み、品質的に何が問題なのかを明らかにしてほしいと頼んだ。プレゼンは1週間後に控えている。研究所では、早々に結果を出してくれたが、意外にもコーヒーの品質自体に問題は見られなかった。「さすが、Y社の製品だ。一般的なコーヒー豆を使いながらも、コスト・パフォーマンスのよい仕上がりになっている」と、K課長は研究所のスタッフと感心した。ただし、現在のコーヒー・レシピが日本人の嗜好に合っているかどうかは別である。そもそも、そのような狙いで作られたレシピではない。改善の余地は十分にある。

「そうすると、問題はコーヒー豆の見直しと、やはりコーヒーマシンか」とK課長が言った。K課長は研究所のスタッフに一度、一緒にS社に赴いて、コーヒーマシンを精査してくれないかと申し出た。すると、研究所の担当部長から連絡が入った。「コーヒーマシンについては、どこまでわれわれが対応できるかわからないですよ。われわれはコーヒー屋であって、電機メーカーではないですからね」と。それもそうだった。

そこでK課長は、再びN氏に相談をした。N氏は、業務用のビジネスの中で自販機メーカーなどともつながりがある。「コーヒーマシンについて問題があるのなら、その専門メーカーをチームに引き入れましょう。組織横断的に対応しなければ、この仕事は難しいですよ。しかも社内だけでなく、社外の専門家にも入ってもらうのがいいでしょうね」。

K課長が、N氏に質問する。「もしコーヒー以上に、コーヒーマシンの問題だとすると、僕らがこのプロジェクトに関わるのはお門違いではないのでしょうか？」と。それに対してN氏が答える。「本当のところ、僕はコーヒーマシンの問題だけでもないと思っています。それは、まだ僕にも見えていないものがあるに違いないと思うからです。今回のようなソリューション型の営業は、画一的な規定のパッケージを売る営業とは違って、顧客と手探りで前進していく、つまりテスト・マーケティングを前提に仮説と検証を繰り返す営業だと思います。なので、仮に僕らに売るものがなくても、Mさんに協力してはどうでしょう。そのほうが、僕らも商売抜きの立場で本当のことを伝えられるはずです」というN氏の答えに、K課長は納得した。そして、まずはコーヒーマシンの問題は置いておいて、K課長はM氏のプレゼン資料を作ることにした。

▼提案書の策定

　K課長は提案書をまとめた。提案書と言っても、「このコーヒーを買ってください」という商談書ではなく、プロジェクト自体の企画書、つまり「ブランドX開発のプロジェクト・プラン」である。

　これまでのA社の商談では、まず製品の商談書があって商談があり、そして受注するのが普通の流れだった。しかし今回は違う。なぜなら、まずS社からの相談があり、そのためのソリューションを示し、それに合意・納得してもらうことで仕事がはじまる流れになっているからだ。ソリューション営業とは言うものの、何を買ってもらえるかは、まだおぼろげながらにしかわからない。

　プロジェクト・プランには、次の内容が含まれていた。

■S社様　ブランドX開発プロジェクトのご提案

1．S社のゴールイメージとブランドXの役割

2. 消費者についてのインサイト（嗜好性に関する戦略仮説）
3. ブランドXが備えるべき属性
4. スターバックスやマクドナルドとの差別化、ブランドXのテイスト・ポジション
5. 開発チーム体制
6. テスト・マーケティングの概要
7. スケジュール

とくに、テスト・マーケティングの概要を含めたのはK課長らしい。最初から大きなお金を投資して、うまくいくかどうかはっきりしないマーケティングに賭けるのではなく、ひとつずつ仮説と検証を繰り返しながら、市場（消費者）との対話を繰り返し、開発を進める提案だ。

K課長は、次のようにテスト・マーケティング概要を示した。

■ブランドXの現状サマリー

スターバックスをはじめ、消費者は〝高品質コーヒー〟を日常的に飲むようになっているが、ブランドXはそのようなコーヒーを提供しきれずにいる。S社は〝真に生活者のハブ〟でありたいが、コーヒーに関しては、現在はスターバックスなど専門店がそのポジションにいる。

■環境分析

品揃えとして、ラテやカプチーノなど数種類のコーヒーが売られているが、スターバックスなどの専門店と比べて大きく見劣りする。ブランドXはそれらの低価格版であってはならない。むしろ、専門店が盲点としているドリップタイプにフォーカスし、そこでの高品質・低価格を打ち出すことで、独自の新しい価値を築ける可能性がある。競合となるコンビニ他社のコーヒーも、まだそのレベルにはない。多くは専門店のメニューをコンビニ版のサービスと価格感によって提供するに留まっていて、消費者からもそれ以上の期待をされているわけでもない。ここにチャンスがある。メニューをできるだけ専門店と差別化することで、コンビニ・コーヒーの独自性を浮き彫りにできるのではないか。

■課題

本当においしいコーヒーを提供するためのコーヒー豆の選定、焙煎、コーヒーマシンの見直し、店内オペレーションの見直しが必要である。

■目的

ブランドXの成功を毎日の杯数○○杯とする。＊後日、決定。

■**基本戦略**

高品質なドリップコーヒー1品のみに特化してはどうか。ただし、ホットとアイスは用意する。価格は100円。品質に大きな問題はないが、現在よりもさらにおいしくすることは可能。コーヒーマシンの選定が味に大きく影響するため、専門メーカーとの共同開発を視野に入れる必要がある。また、店内でのオペレーションも見直す。サーブの形態は、専門店同様の蓋つき紙コップとする。それによって、店内のイートインのみならず、テイクアウトも積極的に取っていく。

■**アクションプラン**

コーヒー・レシピの決定、マシンの改良後、都内40店舗にてテスト・マーケティング。POSデータによる販売動向のモニターの他に、CLTなど消費者調査を実施。

■**今後の検討課題**

1. テスト・マーケティングによる消費者ニーズの確認と需要予測
2. ドリップコーヒーにフォーカスする戦略仮説の検証
3. コーヒーマシンメーカーの選定

4. ブランドXの市場導入にまつわる広告宣伝
5. 商品デザインの開発スタッフ選定
6. その他

プレゼン当日。S社のM氏はプランを見て驚いた。「たとえば、コーヒー豆の選定やローストなどの提案ではなく、ブランドX再構築のためのマーケティング・プランになっているところが気に入りました。他社では、これまで見たことのない形式の提案書です。テスト・マーケティングを行なうのも賛成です」。プレゼンは、概ね好意的に受け入れられた。

しかし、これでA社が選ばれたわけではない。Y社もP社も提案の再提出をしながら、まだコンペに残っている。最終的にはプランの魅力と、やはり商品の力が大切になる。A社としての総力戦でもあった。

▼プロジェクト・チームの承認

K課長にはもうひとつ、解決しなければならないことがあった。N氏のプロジェクト参画も含めて、今回のプロジェクトを社内で正式に認めてもらい、上司や研究所の支援が得られるようにしなければならない。

K課長は、担当役員であるI取締役に、上司の営業本部長とN氏の同席のもと、プロジェクトの背景とマーケティング・プランを説明した。「このプロジェクトは、ビッグ・ビジネスになる可能性があります。S社は全国に1万6000店の店舗を持っています。そこで、毎日のようにわれわれのコーヒーが消費者に飲まれる可能性があります。ただし、そうなるかどうかは、このプロジェクトでS社からパートナーと認められ、さらにテスト・マーケティング自体が成功したらです。ぜひ、成功させましょう。そのためには、業務用事業部、さらには研究所、市場調査部の協力が必要です。組織横断的にプロジェクトを推進できるよう支援していただけないでしょうか」。

I取締役は大いに賛成してくれた。そして、I取締役自身がA社内のプロジェクト・オーナーを務めてくれることになった。実は、I取締役にとって、S社には特別な思い入れがあった。I取締役がまだK課長のように課長職だった頃、S社を担当していたのだ。もう20年も前の話である。I取締役にとって、S社は古巣に帰るような、懐かしい感覚と思い出があった。

「プロジェクト推進について、部門間の軋轢や利益背反が起きたら、私に言ってきなさい」と

I取締役は言ってくれた。K課長は感謝した。そして、まずはA社のスタッフでチームを組んだ。K課長、N氏の他に、製品開発を行なう研究開発スタッフが加えられた。

1. プロジェクト・オーナーI取締役
2. 営業担当K課長
3. 業務用企画N氏
4. 研究開発スタッフ

さらに今後、社外のスタッフにも参画してもらうことになる。

▼コーヒーの味覚ターゲットをどうするか

S社への提案の最終段階では、各社のコーヒーの味そのものの評価をする。Y社、P社もいくつかの試作品を開発しS社に持ち込んでいることだろう。製品づくりでは、どのメーカーも高品質なものを提出しているはずだ。K課長は、毎日のようにN氏、研究開発スタッフと打ち合わせを繰り返しながら、ベストの試作品を提案しようと考えていた。

試作品の開発が一段落した時点で、2人はM氏のところに試作品を持ち込むのではなく、A

社の研究所にM氏を招くことにした。A社自体の製造ラインをM氏はまだ見ていないし、何よりプレゼンのアプローチとして特徴的だと考えた。まずは、日本人の嗜好に合うコーヒーがどのようなものかを、実際にM氏に理解してもらう必要がある。今回のミーティングは、それを理解し、理想の味覚ターゲットを決めることが目的だ。いくつかのサンプルを味わいながら決定するプロセスとしても都合がいい。

「われわれが目指すコーヒーは、たとえば海外ブランドのように、外国人向けに開発されたコーヒーに日本人が合わせるものではなく、日本人本来の嗜好性をベースにしたオリジナルなコーヒーです。つまり濃すぎず、弱すぎず、クセのないキレイで正直な味わい。クリームや砂糖を必要としないストレートなおいしさを体現したコーヒーです。強烈な焙煎でコーヒー豆の香ばしさを無理やり立たせたようなものではなく、むしろ良質なコーヒー豆自体が持っている本来の旨味を引き出したもの。つまり何杯でも飲める、そして最後の一滴までおいしい〝ドリンカビリティ〟のあるコーヒーです」。

やがて、4種類のコーヒーが運ばれてきた。研究開発スタッフはコーヒーの説明は何もせず、「まず飲んでみてください。そして、手元の評価表に点数をつけてください」と言った。飲む前にコーヒーの説明をしないのは、それによって先入観を与えないためだ。たとえば、「このような豆を使っている」「焙煎はこのようにしている」などと言うと、それがそのままコーヒーの味に影響してしまう。これを〝知覚品質〟という。つまり味そのものではなく、説明からくる〝イメージ〟を飲むことになるのだ。

また、消費者がコーヒーを買うときも、事前に説明をして買うことはほぼないだろう。できるだけ、店頭と同じような条件で試飲は行なわれた。そして、チームはコーヒーを飲むと、手元にある評価表に記入した。

4種類のコーヒーの試飲が終わると、N氏が口を開いた。「A、B、C、Dのそれぞれで、どれがよかったと思いますか？」。M氏は答えた。「Aは悪くないけど、ちょっと昔のコーヒーのような感じでモダンさがないかな」「Bはおいしいけど、やや胃もたれするようなイメージ」「Cは香ばしいがその分、ストロング感が立っている」「Dは逆にマイルド。マイルドなのに濃厚な香ばしさも感じる。さらりとした繊細さと濃厚感」

「すばらしいですね。味の方向性はほぼ正解でした」。全員が笑った。「では、答を言いましょう。開発スタッフから説明してもらいます」。研究開発スタッフが立ち上がった。「Aは現在のブランドXです」。M氏は驚いて言った。「えー、そうだったの？　店頭で飲むものとこんなに違うのか。店頭のものよりうまいよ」。研究所の事前のリサーチ結果にも出ていたように、コーヒー豆のレシピと焙煎には問題がないことがわかる。それ以外のコーヒーマシンや店頭での鮮度管理が、味に大きく影響していることを、M氏はあらためて知った。「それにしても、Aが店頭で飲むものとこんなに違うとは……」。

「Bはマクドナルドのコーヒーです」と研究開発スタッフが明かした。「やっぱりそうでしたか。マクドナルドもなかなかいいじゃないか。悪くない」。マクドナルドのコーヒーもよく売れていると言える。K課長が言う。「マックのコーヒーは100円でこのクオリティです。コストと品質のバランスはとてもよいと言えます。マックも生活のハブとして位置づけることができるとすれば、消費者にとってこのレベルは問題ないかもしれません」とN氏がフォローする。「後で、味を視覚化しますので楽しみにしていてください」。

研究開発スタッフが続けた。「Cはスターバックスのドリップコーヒーです」。M氏は唸った。「この香ばしい感じはさすがですね。ホットよりもむしろアイスは、このくらい香ばしくてストロング感があるほうがいいかもしれない。氷を入れると味が薄くなるからなぁ」と、N氏がフォローする。「そうですね。実は氷も味を左右する要因のひとつです。現在、クラッシュアイスを使っていますが、本当はバーで出てくるような〝丸い氷〟を使うほうがいいのです。氷の溶ける速度が圧倒的に遅くなり、その分、コーヒー本来の味が楽しめます」。今回は、氷のサンプルはないが、アイスコーヒーのレシピを考える上で「氷の溶ける度合」を考慮して焙煎する必要がありそうだ。

▼〝消費者がまだ気づいていないおいしさ〟

「Dは、今回の味覚ターゲットに沿って、われわれが開発したオリジナルのレシピです」。日本人の好みを考えると、コーヒーはマイルド系になる。あまりどっしりした感じではなく、軽やかだけれど〝ふくよか〟な印象だ。そして何よりも、何杯飲んでも胃にもたれず、その上、飲み飽きない味わいが好まれる。

研究開発スタッフが説明する。「寒暖差が激しい高地で栽培された、最高品質のアラビカ種、しかもウォッシュド・ビーンズだけを100％使っています。焙煎方法はコクや深みを出すための豆は深煎りに、芳醇な香りを生み出す豆は、浅煎りにしてブレンドしました。僭越ながらプロの舌から言うと、コーヒービーンズはやっぱりアフリカがいいですよ。とくにケニアです。日本人のコーヒーの味覚は南米に慣れてきたところがあります。多くはブラジル、コロンビア、グアテマラをベースにした味が一般的です。しかし、これらをブレンドすると一般的で中庸な味のものはできても、感動するほどのものを作るのが逆に難しい。これまでもよく知っている、変哲のないコーヒーになりがちです。そこで、日本人の嗜好性に合い、これまでにないおいしさを体現するために、私はケニア、モカ、キリマンジャロを選びました。実は、ブラジルやコロンビアはシングルビーンで飲んでも飲めます。一方、私が挙げたようなアフリカの豆は個性があり過ぎて、シングルビーンでは難しい。しかし〝荒ぶる個性〟のそれらをブレンドすると、これがまたすごい。不思議なほど、おいしい味のコーヒーに仕上がります。それがサンプルDです。うまくないはずがありません」。

研究開発スタッフは、原価を気にしない、本当に品質志向の人だ。これまで、日本のコーヒー会社が作ってきた味の基準（ブラジル、コロンビア、グアテマラ）とはまったく違うことを考えていて、〝消費者がまだ気づいていないおいしさ〟を提供しようとしている。まるで違う発想をもとに、これまで以上に日本人に好まれる味を生み出そうとしていた。

▼味だけでなく、視覚的にも納得してもらう

N氏がさらに続けた。「実は、コーヒーのおいしさは、それを淹れたペーパードリップの色に現われるんですよ」と、研究開発スタッフが4種類のコーヒーそれぞれを淹れたペーパードリップの乾燥させたものをチャートで示した。「AからDの色を見てください。きれいな順に並べ替えてみてください」。M氏、K課長が挑戦した。「きれいな色は、D、A、B、Cの順ですかね」「そうですね。この色の濃さ、残り具合に焙煎のレベルによるおいしさへの影響が見

えます。本当においしいコーヒーはこのように薄い茶色、もっと言うならば、コーヒーの液色そのものが、やや赤っぽい〝琥珀色〟になります。コーヒーは黒い液体ですが、おいしいコーヒーは本来そうではないのですね。今回、試飲してもらって、Dは一番きれいな色と評価してもらいました。しかし、味の印象を上げる意味で、やや焙煎を強くすることが必要かもしれません」「味はポジショニング・マップで示されることが多かったけれど、こうしてペーパードリップの色で見ると、よりいっそう理解できますね」とM氏は言った。

研究開発スタッフは、DをベースにBと折衷したときの焙煎感を目指してはどうかと提案した。ちょうど、Aと同じくらいの琥珀色になりそうだ。

M氏は提案を受け入れてくれた。「そうですね。そこをターゲットにしましょう。他のものですが、Aは現在うちでやっているもので、正直、変わった感が欲しいので今回は見送りましょう。Cはアイスコーヒーのスペックとして、継続的に開発を進めていただけませんか」。

▼最終プレゼンの結果

それから2ヵ月間、何度かのやり取りは続いた。一方で、Y社とP社もがんばっていた。最終的に、3社の提案書がS社の上層部に提案された。

Y社の提案は、ハンバーガーチェーンのM社のコーヒーをベースに、それをさらに上回るメニューのバラエティと品質価値を実現するものだった。「ターゲット消費者は、30代から40代の男性を中心にしました。彼らが仕事の合間にほっと一息いれるためのグルメ・コーヒーです」。

P社の提案は、コーヒー専門店の味をよく知る消費者を対象に、同様の品質のものをリーズナブルな価格で提供するという提案だ。「今やスターバックスは、1000店舗を超えるメジャーな存在です。そのような味に慣れている消費者こそ、新しいコーヒーユーザー像です」。

そしてA社の提案は、日本人の嗜好性を十分にくみ取り、挽きたて淹れたてのドリップコーヒーを提供するというものだ。「ラテやカプチーノは、スタバで飲んでもらいましょう。その代わり、日本人の嗜好の王道を行くドリップコーヒーでは、ブランドXがナンバーワンになりましょう」。

各社の営業マンが、上層部への15分ほどの提案書プレゼン、さらに15分の試飲。最終的な提案書は、どれも無駄のない洗練されたものになっていた。そして最終的に、M氏からK課長に連絡が入った。「今回のご提案の結果、A社さんのドリップコーヒーのアイデアが一番いいように思います。上の承認もとり、最終的にドリップ一本でいくことで検討を続けます」。K課長は謝意を伝えるとたずねた。「今回のわれわれの提案は、どのようなところが評価されたのでしょうか？」。

「はい、まずはご提案されたコーヒーの味が最も優れていたこと。私たちは各社さんのコーヒーを評価する基準として、5つの項目を設けました。①鮮度、②高品質、③贅沢、④濃厚、⑤安心・安全。この5つの基準を、すべて満たしたのは御社のコーヒーです。また、今回のやり取りの中で、私自身、どのようなコーヒーが理想的なものなのか、あらためて認識することができました。お客さんが飲んでいて、〝うん、まさにこれこそTHE COFFEEだよね〟と言えるようなもの。A社さんからのご提案は、そのようなものでした。上層部とも、『このコーヒーしかないよね』と話しています。そして現在、ブランドXのコンセプトとして、一杯ずつその場で挽いてその場で淹れるという、〝挽きたて淹れたてコーヒー〟という価値を作り出したいと思っています。現在、そのような最高の鮮度にこだわったコーヒーは、どのコンビニでも見られません。よって今後、そのためのマシンもオリジナルで手配しなければなりませんね」。

2つ目に評価したのは戦略です。本当は、コーヒーの味の前にこちらがあるのですがね。ドリップコーヒーにフォーカスするというのは、たいへん優れた考え方だと思いました。あるメーカーさんでは、街のコーヒー専門店が提供するエスプレッソタイプをベースとしたグルメ・コーヒーの提案をいただいていました。しかし、それはコーヒー専門店の土俵で戦うようなものだと、最終的に考えました。そうではなく、われわれは独自の価値を提案し、生活者のハブになるべきだと思います」。

考察③

完璧な提案書の提出、そして対話を続けること

よい提案書が備えている条件とは？

私は今まで、いろいろな提案書を見てきましたが、秀逸な提案書とは、「顧客の立場で述べられているもの」が多かったように思います。極端に言うと、「顧客の提案書作成の業務を代行し得るもの」です。つまり、M氏が本来、社内で提案するために作らなければならない資料（戦略書）を、代わりに作ったような内容です。

業界はさまざまなので、具体的な項目内容についてはケースで紹介したものを参考にしてもらう程度かと思います。しかし、必ず入れていただきたいのは戦略論や戦術論などです。これは、顧客担当者が考え出すものでもありますが、そのような重要部分をサポートし得る内容であることが大事です。とくに「顧客のお客様」についての項目はその中核です。消費者の情報と言えるかもしれません。

多くの営業マンの企画書を見ると、「売上実績」「市場動向」などを消費者データとしがちです。しかし、私がここで申し上げているのは、そのようなマスとしての消費者ではなく、「自社（顧客）のお客様」についての情報です。

戦略では、顧客のマーケティングについても述べる必要があります。K課長は、テスト・マーケティングの概要を入れました。こちらも、M氏が社内で提案する内容を代行しています。よって営業マンは、自社の製品を売ることばかり考えているだけでは、やはり片手落ちで、顧客のビジネス、マーケティングにも精通していなければなりません。

日頃から顧客のマーケティングについて対話をする

さらにいいのは、日頃から顧客の消費者やそのマーケティングについて、顧客と対話をすることです。それが、相談されやすい土壌を作るのです。

理美容業界を中心に、シャンプーやカラー剤を扱っている会社の話です。この会社では、年間に50回ほどの顧客向けセミナーを無料で行なっています。顧客（美容室）は、主に「スタッフの教育や離職の問題」「お客様とのコミュニケーション品質を向上させる」「最新モードの情報収集」「サロン経営者自身の経営能力を向上させるには」などの悩みを持っています。

そのような悩み別のテーマに応じて、年間に50回もセミナーを実施するのです。このようなことをやっているので、経営者は仕事で問題が起きたときに、すぐさまこの会社を思い出すのです。

同じことは、化粧品会社でもありました。この会社は、エステティック・サロンを顧客とする会社です。エステの経営者にも悩みがありました。「集客の問題」「スタッフの育成問題」「物販を増やして労働集約率を減らす問題」です。そのようなことで悩んでいる経営者（顧客）に対して、営業マンは個別ワークショップを開催しています。そのサロンの課題に対して、一概でない解決策を提供するのです。

これらの会社は、自社の商品とは直接関係のないサービスを提供しています。セミナーにしてもワークショップにしても、そこで商品を売り込まれることはありません。そのような「営業セミナー」ではなく、あくまでも「純粋なセミナーやワークショップ」を提供しています。その結果、顧客は相談したくなるのです。したがって、実質的にこれらのサービスがソリューション営業の入口になっているのです。ソリューション営業は、広告で告知するようなものではありません。しかし、個々の顧客に向き合ったセミナーやワークショップによって、顧客はあなたの会社を当てにしてくれるのです。

営業マンは、会社のブランド・イメージを作っているのだと学ばされます。極端な話、安売りばかりする営業マンは、「安売り会社」というブランド・イメージを作ります。情報提供や問題解決を日頃から行なっていれば、「ソリューションに強い」というイメージになります。

マーケティング・リテラシー

消費者について知り、さらに顧客のビジネスをどうしたら盛り上げられるかを考えるのに、マーケティング・リテラシーは絶対に必要です。マーケティングの説明は不要でしょう。「リテラシー」とは〝読み書きソロバンの力〟とでも言いましょうか、会話・資料から重要な情報を引き出して活用する能力を意味します。

したがってマーケティング・リテラシーとは、「顧客の課題をマーケティングの視点から引き出して理解する力」となります。

M氏が、コーヒーではなくコーヒービジネスの改善を考えたように、顧客が求めるソリューションの多くは、「新規ビジネスの立ち上げ」「既存事業の立て直し」「売上げ・集客の向上」「新製品の共同開発」など、顧客自身のマーケティングに関わることがほとんどです。

よって、営業マンは顧客のマーケティングについて対等にしゃべれなければなりません。こちらがマーケティングについて疎いと、顧客と対等に話すことはできません。マーケティングは、顧客との共通言語と捉えていいでしょう。

私が思うに、営業とマーケティングは近い分野、またはマーケティングの中の一機能として営業は組み込まれますが、マーケティングは営業マンにとっての盲点ではないでしょうか。意外にも、営業マンはマーケティングについてあまり知らないというのが、私の印象です。

セル・アウト志向の営業であれ

再び、消費財業界の話をしましょう。消費財メーカーの営業マンとマーケティングの話をしていて思うのは、彼らがバイヤーや流通の話に終始しがちだということです。問屋や特約店、そこでの卸値や条件の話もよく耳にします。しかしながら、ＳＷＯＴやＳＴＰなど、伝統的なフレームワークの知識はあっても、やはり「消費者」について語ることがほとんどないのです。消費財の営業マンなのに、消費者から遠いところにいるように感じます。

バイヤー向けに、いかにベンダー営業（または企画提案営業）をうまくやるかを教育されてきたせいでしょうか。顧客にモノを卸す（セル・イン）ことには敏感ですが、卸したモノをどうやって最終消費者、つまり「顧客のお客様」に届けるか（セル・アウト）には無頓着な営業マンが多いように思います。もっとも、そのようなことを問題視した消費財メーカーは営業マンを本部のみならず、各店舗にも回訪させるようにしたものです。しかし、そこでの商談内容は、やはりセル・イン志向のものが多かったように思います。

セル・アウト、従来であれば「それは顧客の仕事」でよかったのです。しかし、顧客自身がモノを売ることで悩んでいることがソリューション営業の課題なのですから、営業マンはセル・アウト志向でなければ、セル・インも十分にできないわけです。つまり〝同じ船〟の乗客だと言えるし、顧客のマーケティングについて一緒に考えることが求められるのです。

営業マンは「数の論理」から「質の論理」へ

マーケティング・リテラシーの話をすると、「当社にそのような営業スキルがあるか」「人材がいるか」との不安もあるかと思います。経営者のみならず、営業マン個人も閉口します。事実、A社がラッキーだったのは、K課長のバックグラウンドがマーケティングだったからです。ベンダー営業のタイプでなく、M氏の話を聞いて意味がわかった、おもしろいと思えたことが、次につながったのだと思います。

このような営業マンは貴重です。会社の営業力は、「数の論理」から営業マン一人一人の「質の論理」に変化してきています。従来の営業力とは、営業マンの数の多さが決め手でした。店舗や顧客を、どれだけカバレッジできるかが売上げを決めていました。そこでは比較的、画一的な営業能力と商談ツールがあればよかったと思われます。

しかし、S社のように1社で市場全体をカバーしてしまうような顧客が現われるようになり、カバレッジという発想はあまり重要ではなくなりました。あたかも、たった一人のカリスマ塾講師が、ネットで講座を開くことで全国の受験生に講義をし、地方の塾が影響を受けるようなものです。S社のような市場に影響力を持つ顧客に、わずか数人のハイクオリティな営業マンが付けば仕事は進むわけです。営業力は「質の論理」に変わったのです。

営業マンの〝ゆとり教育〟を見直す

考えてみると、私たちはこれまで、どれほど営業マンにマーケティング的な実務を任せてきたでしょうか。会社によっては、「営業活動の効率論、数の論理」をベースに、各自の商談書すら、一定のフォーマットで書くようにしています。しかも、ご丁寧にPDFでフォーマットを作り、そこに手書きで書かせるという旧態依然としたスタイルもあります。

また営業マンのほうでも、「商談書とはそういうものだ」と考えているところもあります。上から渡されたフォーマットを使って、バカ正直にそれで商談する営業も相当数いるのです。しかし、そのようなことを続けていると、営業マンはいつまでたっても考えるようになりません。まるで「営業のゆとり教育」のようです。「全員が一定レベルの商談書を作れることから浸透させるのだ」という目的はよくわかりますが、すでに時代は「営業活動の効果論、質の論理」に変わっています。「営業マンは考えなくてもいい」「ただ言われた通りに売ってこい」と言わんばかりの発想では、もはや勝てなくなっているのです。これでは、マーケティング的なスキルなど期待するよしもないし、顧客への応対にも問題があるでしょう。

たとえば、K課長がそうだったように、マーケティング部のマーケターを営業に回すというやり方も効果的です。スタッフ経験者は、営業現場を俯瞰的に見ることに慣れているし、マーケティングの理解をより深めることにもなります。要は、営業のプロのキャリア開発の見直しです。

そして、数年ソリューション営業の経験を積んだマーケターは、再びマーケティング部の幹部、管理職として会社に貢献すればいいのです。会社のマーケティングを変革するきっかけにもなるでしょう。

人材育成の考え方が逆立ちしている会社

いずれにしても、人材の問題に直面する会社は少なくありません。80％の会社がここで脱落するようです。しかし、興味深いのは残りの20％にも、人材が必ずしもいたわけではないということです。いたわけではないけれどはじめる会社と、その場で無理だと判断する会社。世の中には2種類の会社があります。はじめる会社は無謀に見えるかもしれません。しかし、はじめた会社にしてみれば、取り組んで当然と見えるでしょう。

なぜなら、はじめた会社は「プロジェクトを通じて人材は後から育つ」ことを知っているからです。もし人材が育つまで待っていたら、未来永劫はじめることなどできません。営業マンのトレーニングや研修をすればはじめられるというわけではなく、結局はOJTで体得していくのが、効果的な人材育成の方法です。要は人材の問題ではなく、早く学べるかどうかの問題です。

もちろん、トレーニングや研修に、まったく価値がないというわけではありません。現場で顧客に向かい合いながら実務をこなし、その上で研修をするのはいいでしょう。私のクライアント企業も、大きな仕事をした後ですら、さらなる営業マンのプロ化を進めています。当然、営業マンも勉強しなければなりません。

社内横断的なプロジェクト

高度な相談をされるレベルの営業では、もはや営業は営業のみで完結できなくなっています。組織内にあるリソースを自由にカスタマイズして、顧客に向かい合わなければなりません。営業とは、もはや「個人戦」ではなく「団体戦」になっているのです。それも野球よりもサッカーやラグビーのような〝縦横無尽さ〟を彷彿させる団体戦です。

団体戦であることのメリットは、営業マン個人の考えによらず「複眼思考」ができることです。複眼思考ができると、顧客への提案内容に深みが増します。ケースの中でも、K課長とN氏がいつも一緒に考えて行動するのはそのためです。あえて、「営業担当はK課長だから」などと言わずに一緒に考えるわけです。

ただし、ある程度の社内コンセンサスは必要でしょう。K課長も、N氏の理解を得てプロジェクト・チームを発足しました。また、I取締役にプロジェクト・オーナーになってもらい、正式に社内でプロジェクト化しました。実は、私のコンサルティングでもプロジェクト・チーム方式を採用しています。ソリューション営業について、社長や常務をプロジェクト・オーナーに、各部署から若くてやる気のある中堅社員を10～15名ほど招集して、2時間の戦略セッションを継続的に行なっています。たいていは、「ソリューション営業勉強会」や「流通分科会」「営業品質研究会」などを設立し、営業マン各自の案件を共有します。そこでは営業部以外の部署からも参加してもらいます。それによって、今どのような案件に誰が関わっているか、そこでの課題は何で、誰を呼んできたら解決するかなどを共有するのです。どのセッションでも、クライアントの方々は喜んでくださいます。意外と、研究所や物流のスタッフも営業に興味を持ってくれているのがわかります。

メーカーとしての〝モノづくり魂〟

組織横断的な営業スタイルの中でも、最大のものは「モノづくり」でしょう。営業マンもまた、自社のモノづくりについてよく知っているものです。私自身もこれまで、メーカーに勤めていたため、その中で流通企業のPBなども手がけてきました。S社のような顧客が、専門メーカーにソリューションを求める最大の理由は、やはりメーカーとしての専門性・知見の深さです。そこにあるこだわりや哲学は、一朝一夕で身につけたものではありません。

一方、S社のように、流通企業のモノづくりに対する知見やこだわりが、かつてよりも進化してきているように感じます。ときにはメーカーの開発担当者より、よほどこだわったモノづくりを要求する顧客もいます。

多くの場合、顧客はメーカーのブランド名を見て、ソリューションの取り組みをするかどうかを考えます。ブランドになっているメーカーとは、モノづくりに対する深い造詣と独特な哲学があると考えるからです。メーカーのモノづくりの哲学、〝モノづくり魂〟とは何でしょうか。「安くてよい商品を作ります」など、わかりやすい考え方もあることでしょう。

しかしこれだと、どこの会社でも当てはまるもので、哲学というほどの深さはあまり感じられません。しかし、たとえば「消費者にこんなコーヒーを飲んでほしい」という想いならどうでしょう。こちらは、哲学らしきものを感じるのではないでしょうか。

その想い（哲学）の結果、出てきた製品がユニークであればあるほど、世の中は驚きを覚え、ブランドとみなして一目置き、そして相談をしてくることでしょう。そして大切なのは、そのような哲学を〝商品化〟できる技術者、研究者が存在するかどうか、ということです。ここが、メーカーの生命線のひとつです。

わずかな違いに敏感であること

私がメーカーの技術者を見ていて思うことは、「モノづくりの美意識がある技術者は、すばらしい仕事をする」ということです。その美意識は〝目利きとしての自信〟かもしれません。消費者よりも高い目線から、消費者のまだ知らない価値を作り出そうとする人たちです。世の中とはまったく違う視点で、自分の開発プロジェクトを見ている人たちです。「何で、今のようなコーヒーに満足できるの？　本当に、それっておいしいの？」と考えられる人たちです。彼らの設計思想は、われわれとは根本的に違うことが往々にしてあります。むしろ、最初から世の中を変えようと思って作っている節すらあります。極端な話、まったく今の世の中が間違っていると思って生きてきた人たちかもしれません。

このように考えることが正しいかどうかは、誰にもわかりません。しかし、「このようなコーヒーを消費者に飲んでほしい」という哲学があれば、それは正しいと言えるかもしれません。むしろ、そこにしか拠り所はないのです。

「消費者の欲しがるものこそよい商品だ」という考え方も、開発の世界ではあります。こちらも否定はしませんが、それが行き過ぎると弊害もあります。メーカーとしての〝こだわり〟がなくなるからです。

私の考えでは、「こだわりとは、わずかな違いに敏感であること」です。判断する目盛りの細かさを言います。きっと、モノづくりに哲学を持っている企業に共通するのはここでしょう。コーヒーであれば味覚の違いに敏感であること。

たとえば、消費者調査で味覚テストをしたとしましょう。ケースの中でM氏がしたように、300人からの消費者（マスレベルの消費者）に飲んでもらい、その味の評価をするものです。消費者の舌には、「まったく同じ」と感じる味でも、プロの技術者やクラシフィカドール（コーヒー鑑定士）には「似ているが違う」と感じることでしょう。ここが、こだわりを持って飲んでいるかどうかの違いで、こだわりを持っているからこそ、メーカーは品質価値を進化させられるのです。

開発における消費者調査の功罪

しかし、多くのメーカーでよく見かけるのは、「まったく同じ味と感じるのであれば、コストの安いほうを取ってしまおう」という発想です。これに対して良識ある技術者は、「それでは本当に味のわかる消費者が逃げてしまう」と思います。気をつけなければならないのは、調査で言う〝消費者〟とは、味のわかる人もわからない人も含めた「平均的消費者」です。

実際には、平均的消費者とはデータ上にしか存在せず、ほぼ虚像と思ってよいのです。しかし、そのようなことにあまり注意を払わない経営層は、往々にしてコスト志向となります。「消費者は同じと言っているのだから、そんなに細かいことにこだわっても無意味だ」と片づけられることが多いのです。

ここから、メーカーのモノづくりのこだわりは崩れていき、最悪の場合、何がわれわれの考える理想のコーヒー（製品）なのか、何が「おいしい」ということなのかを忘れてしまうこともあります。つまり、こだわりがなくなり、最終的にはモノづくりの哲学も形骸化します。消費者調査も見方や使い方を間違えると、痛い目を見るわけです。

専門スタッフを連れて来るだけで仕事が終わるわけではない

これからの営業マンは、今まで以上に「知的貪欲さ」が求められます。顧客のお客様について、担当者と同等に話せること。顧客のマーケティングについて深い対話ができること。そして、モノづくりや品質について、これまで以上に深い提案ができること。これらは、従来の営業マンの仕事領域を超えているかもしれません。しかし、顧客の求めるものは、そういう領域にまたがるものになってきているのです。

そのために、「社内横断的な組織対応」をするのですが、このときに古いタイプの営業マンは、「専門スタッフを連れていくことで、自分の仕事は終わり」と考えるようです。専門スタッフと顧客担当者が話してくれるのを、自分は半ば傍観者的に参加している状態です。

これだと、行くことが逆にマイナスになるケースすらあります。何より、いつまでたっても営業マン自身が成長しません。その上、顧客担当者がある分野のことで悩んでいて、その場で相談されたときに「専門家がいないとわかりません」では仕事になりません。

では、新しいタイプの営業マンはどうかと言うと、「一緒になってディスカッション」します。顧客との関係性を考えれば、当然のことなのです。必要に迫られて、彼自身も勉強するでしょう。つまり、高度化した問題や営業以外の専門分野について知っていなければならないのです。

ただし、「すべてを理解している」必要はありません。ただ、仕組み程度はわかっていて、その詳細は誰が得意かぐらいはわかっていることが必要です。プロジェクトも、何が行なわれているかを、営業マンは知っている必要があります。

そして、現在直面している問題に対して、「なぜ、これをやるのか」「その結果、どのような効果があるのか」をわかっていればいいでしょう。つまり、全体を把握して、専門家とだいたいの話ができるだけの力が求められるのです。

要は、プロジェクトに対する「オーナーシップ・マインド」の問題かもしれません。自分のプロジェクトであるとの認識を持って、かつ「会社の顔」として振る舞うのです。専門スタッフを連れて行くにせよ、顧客の問題解決をしているのはあくまでも自分なのだという意識を持つことが、やはり大事なのです。

3

社外も巻き込む
組織対応チームで
新価値を
生み出せ！

ケーススタディ④

オリジナル・コーヒーマシンの開発

▼日本にはないオリジナル・コーヒーマシン

M氏は、ブランドXのコンセプトを「挽きたて淹れたてコーヒー」と定めた。消費者が注文するたびに、一杯ずつその場で豆を挽き、その場でドリップするコーヒーである。最高の香りと鮮度にこだわったコーヒーとして、ブランドXを再構築する。そのようなコーヒーマシンを店内カウンターに設置して、消費者がセルフサービスで淹れるのだ。価格は一杯100円である。

しかし、問題もあった。現在、そのような一杯対応のコーヒーマシンは日本に存在しない。もちろん、駅や高速道路のサービスエリアにあるような大型のコーヒー自販機はある。しかし、コンビニというスペースの、あまり広くない店内で、大型自販機は都合が悪い。カウンターに置ける「卓上型」であることが重要だ。よって、オリジナルで作るしかない。「いったい、どのぐらいのコストがかかるだろうか」——そんな考えが一瞬頭をよぎったが、M氏は躊躇しなかった。

M氏は早速、K課長を呼んだ。「どのコーヒーマシンメーカーと組むのが適当か、アドバイスをしてもらえませんか？」とたずねた。コーヒーマシンについては、やはりコーヒー会社に聞くのがいい。マシンの性能の良し悪しを決めるのは、ドリップされるコーヒーのクオリティを基に判断するべきだからだ。専門メーカーとチームを組んで仕事をするメリットは、こういうところにもある。

▼N氏のアイデア

M氏からの話に基づいて、さっそくK課長とN氏が話し合った。N氏が言う。「実は、オリジナルで開発しなくても、オランダの会社で卓上型を持っているメーカーはあるんですよ」と。K課長は驚いた。

N氏が続ける。「ヨーロッパは、イタリアを中心としたエスプレッソ圏がある一方で、北欧ではドリップコーヒーが中心になります。そのような背景もあって、カウンターの上における タイプの一杯取りコーヒーマシンメーカーはオランダに存在しています。しかし、僕はそれをお勧めしません。S社のように毎日1000人も来店があるような環境で使うには、おそらく製品そのものが耐えられないでしょう。チャチな作りになっているからすぐに壊れ、オペレーションに支障をきたすのは目に見えています」。

「そこで……」と、N氏は紙を取り出して2社の名前を挙げた。F社とD社。どちらも日本のコーヒー自動販売機メーカーだった。「ちょっと、昔の知り合いを当たってみます」と言うと部屋から出て行った。

▼コーヒーマシンメーカーへの打診

F社もD社も、N氏の自販機営業時代のツテだった。N氏は、それぞれにオリジナル・コーヒーマシンの可能性について相談に行った。「某大手コンビニエンスチェーンで、コーヒー製品の新規導入を考えています。その共同開発を弊社がやっていく中で、オリジナルのコーヒーマシンを開発したいと思っています。実は、御社以外にもう一社、声をかけています。その他社も含めて、マシン開発者として、御社のことを提案書に入れたいのですが、大丈夫でしょうか」。

N氏は続ける。「イメージとしては、卓上型コーヒー自販機です。私の考えでは、コーヒー豆をグラインド（挽く）してドリップ抽出するための〝中核機構〟はそのまま〝ありもの〟を使い、それを卓上に置ける〝箱〟にダウンサイズしてはどうかと思います。可能でしょうか？」。そう言うと、N氏はあらかじめ用意したイメージ図を、イラストとして示した。どちらのマシンメーカーも可能だと答えた。そして、A社への提案書を準備してくれると約束してくれた。

▼オリジナル・コーヒーマシンの企画を検討する

M氏とのミーティングでは、まずオランダのメーカーの話にはじまり、F社、D社とのミーティングのやり取り、先方での開発の可能性、そして2社からA社に出された開発提案書、開発スケジュールと裸のコストがそのまま示された。M氏がたずねる。「Nさんは、どちらがいいと思いますか？」。

「そうですね、まず、ブランドXのコンセプトに合っているか、独自性はあるかなどの検討をしました。その点では、F社のほうがいいのですが、肝心の中核機構の性能についてはD社のほうが優っています。価格はほぼ同等です。どちらにしても安価ではありませんが、1日に35杯以上売れれば3年で償却できると思われます。何よりも開発スケジュールを考えると、F社は開発に時間がかかる。やはり、D社のほうがいいでしょう」。

N氏は公平な意見を述べた。「Nさん、それだったらD社でやろうか。何よりも、中核機構が決め手だと思う」と、M氏はD社でやることを前提に検討を進めることにした。

▼どの程度までカスタマイズできるか

数週間後、M氏はK課長とN氏とともに、D社と打ち合わせをした。詳しいプレゼンをもらうのである。D社の営業マンは、技術者を連れて来ていた。製品も、むき出しの中核機構が持ち込まれた。箱はデザインで示された。その説明を聞きながら、いくつかの質疑応答が繰り返された。

別の日、同様にF社にも来てもらった。そして、プレゼンと質疑応答を繰り返した。そこで、むき出しの中核機構を見てN氏は思った。「数年前よりも格段にいいものになっている」と。実物を見ると新たな発見があった。事実、企画提出の段階では企画書に示された範囲内でしか理解していなかった部分だ。早速、M氏に伝えた。「F社の技術レベルのほうが、今ではD社よりも数段上を行っている可能性があります」と。

F社の技術者が答えた。「とくにこの部分は、昨年まで海外メーカーの部品を使っていましたが、昨年から国内で自社生産するようにしました」。すると、N氏がたずねた。「なるほど、そのせいですね。コーヒーをドリップ抽出する際にこの部分は非常に重要で、もし可能なら、この部分の径をこのような大きさにできないでしょうか。そうすると、抽出時間が短くなる上に、レギュラーサイズの他にラージサイズも可能になる」「はい、われわれは日本人の技術者が担当し、国内生産ですので十分可能です」。

もし、そういうことになると、開発に少々時間がかかろうと話は別だ。F社のほうが、より消費者満足度の高いコーヒーを作れる可能性が高い。数日後、N氏たちは再びD社を呼んで、同様の質問をした。「中核機構をこのように変えることは可能でしょうか」と。すると、D社のエンジニアは「それは難しい。ものすごく時間がかかります」と答えた。「なぜですか？」「海外製なのです。外国人の技術者とやりとりするとなると、とても大変です。あと1年待っていただけないですか」。

これによってM氏たちは、F社と正式に取り組むことを決めた。同時に「日本の技術者で、部品なども日本製」も非常に重要な要素として学んだ。N氏が言う。「メイド・イン・ジャパンの技術でいきましょう。そもそもS社のお客さんは日本人なので、やはり日本のものを採用するほうがいいのではないでしょうか。それに、後々のメンテナンスや部品交換などを考えると、やはりコストの安い海外製の部品よりも、少々高くても日本のメーカーのほうが何かと便利ですよ」。

▼オリジナル・マシンの開発過程

F社に決めて、チームはオリジナル・マシン（卓上型）のプロトタイプづくりに、すぐに取りかかった。F社からは、新たに担当営業マンと技術者がチームに加わった。さらに、A社から研究開発スタッフが本格的に参画するようになった。すでにコーヒー・レシピはほぼ完成しているが、それを最高の味で提供できるかどうかは、ハードウェアとの相性が大きく影響する。したがって、常に確認をしながら進めなければならない。研究開発スタッフは、何度もF社に足を運び、技術者とひざを突き合わせながら、プロトタイプの改善を提案する必要があった。

M氏、そしてK課長とN氏の役割は、卓上型の「操作性」に関する改善を出すことだった。おいしいコーヒーを出すだけでなく、店頭で消費者が使い方に戸惑わないような工夫が必要だ。たとえば、お金を入れてボタンを押せば、それでコーヒーが完成する、というのが一番わかりやすい操作方法である。しかし、それだと、現金をやり取りする機構やカップを内部にストックするスペースなどが必要になる。その結果、高速道路のサービスエリアにある自販機と変わらないほどの大きさとなる。「店頭でのオペレーションをより簡素化して、かつ省スペースを重視した最高の卓上型」を考えなければならなかった。

操作性に関しては、もうひとつ大事な要素がある。店舗のスタッフが直感的にメンテナンスできるようにしなければならない。コーヒー豆の充填、水の補充などだ。M氏が技術者に説明した。「たとえば、レジスターの開発なども、われわれは専門メーカーと一緒に行ないました。昨日、入ったばかりのバイトさんでも、レシートのロールを直感的に充填するにはどうしたらよいか。われわれが依頼したのは、駅や空港などのトイレで採用されているトイレットペーパーの充填方法です。カセット方式でトイレットペーパーをポンッと充填すれば、そのままロールの玉が落ちてきてフェイス部分に装着される方法です。それくらい、誰でも簡単に、説明しなくても直感的に操作・メンテナンスできるようデザインしなければなりません」。

▼試行錯誤や不安を乗り越えての完成

このような開発過程で、不安がないわけでもなかった。ブランドXのプロジェクトがはじまって卓上型の開発まで半年、さらに卓上型の開発がはじまって3ヵ月が経っていた。K課長もN氏も、もちろんその間にS社以外の仕事も抱えていた。

K課長は上司から、「ブランドXに時間をかけ過ぎていないか？　本来の家庭用のほうの営業は大丈夫なのか」と質問されることもたびたびあった。K課長はそう言われても大丈夫なように、それまで以上に家庭用もがんばった。

「Kさん、Nさん、大の大人が9ヵ月、3人も4人も関わって、まだA社さんには一人数万円ほどの支払いしかできていません。本当にすみません」とM氏に言われたこともある。「思いやりのある、いい人ですね」と、K課長もN氏も思った。この人のために、もっと頑張ろうと思えた瞬間である。

ときには、研究開発スタッフや技術者たちも立ち往生することがあった。「本当にできるのだろうか」と。当初の予想以上に難題があった。卓上型としてのコンパクトさと最高のコーヒーを生み出す機能性の両立、さらに直感的な操作性の実現。技術者は毎日、ドライバーを持ち、最高のプロトタイプを完成させることに執念を燃やした。

M氏は、開発過程の進捗やそこでの課題、解決策などを頻繁に上層部に報告しなければならなかった。そのときに上層部から、「ここをこうしてはどうか」「これではまだ大きい」「使いにくい」などの改善要求が出されることもしばしばあった。チームではそれを再検討し、さらに開発に活かすのである。

開発開始から半年後のミーティング。「とうとう完成しました」と、技術者は40台のプロトタイプを披露した。コンパクトさ、機能性、直感的な操作性、それらを兼ね備えた「これまでにない、オリジナル・コーヒーマシン」である。技術者と研究開発スタッフはマシンについての説明をした。研究開発スタッフが、マシン頭部を開けてコーヒー豆を充填する。そして抽出口に紙コップを置いた。「R（レギュラー）」と書かれたボタンを押すと、ガーッという音がしてコーヒー豆のグラインドがはじまる。やがて内部の電導音がはじまりドリッピングが開始された。ノズルから湯気の立ちのぼる、琥珀色のコーヒーがすばらしい香りとともに注がれた。この過程が40秒である。全員で抽出された「新ブランドX」を味わった。「うまい。本当にうまいコーヒーですね。まさに、挽きたて淹れたてコーヒーですね」。

「本当にご苦労様でした」と、M氏がお礼を言う。「この40台を使って、早速、テスト・マーケティングを行ないましょう」。M氏がコーヒービジネスの梃入れを決意してから、ちょうど1年が過ぎていた。ブランドXの再開発、そして、ソリューション営業は次の段階に進む。

考察④

外部リソースにチーム参画してもらうという発想

各プロジェクト・チームを競争させる

S社は、A社と一緒にブランドXを開発することを決めました。ここから本格的にプロジェクトがはじまっていきます。多くの場合、コンペを通じて1社を決め、問題解決に向けて取り組んでいくことになります。

これは私見ですが、「ひとつのテーマに特定1社とひとつのプロジェクト」で取り組む形式よりも、「ひとつのテーマに競合する複数社と複数のプロジェクト」を同時に走らせるやり方がよいのではないかと思っています。

つまり、顧客の社内での「各プロジェクト・チームのコンペ形式」です。すでにそのようなやり方を採用されている会社もあるでしょう。たとえば、M氏のチームはA社が担当し、別の担当者をもう一人つけて、そのチームはY社が担当します。M氏と別担当者氏は「より消費者に喜んでもらえるブランドX」を作るために競争するわけです。

あるビールメーカーでの話です。より競争力のある商品を複眼的に開発する目的で「新商品開発プロジェクト」が発足しました。プロジェクト名は「ディスカバリー・プロジェクト」と名づけられました。当時の社長はシンプルに、「ワイガヤ開発（ワイワイガヤガヤやる開発）」と呼んでいました。そこでは、4人のプロジェクト・チームを4つ作り、それぞれがお互いに競い合う仕組みを作って開発に当たりました。1年後、4つの新商品が生まれ、そのうちの3つがヒットしました（残るひとつは、生産のためにかなりの金額の設備投資が必要で、最終的に発売されなかった）。

一種のナレッジ・マネジメントでもあります。少々、コストのかかるやり方ではありますが、同じテーマを複数のチームに与え、各プロジェクト・チームを競争させることで、より複眼思考的な解決策を生み出すことができます。

また、アウトプットもさらにクオリティの高いものになるのではないかと考えています。S社が持つチームMDとは、そのようにオープンな競争原理を導入するほうが本来の意味に近いのではないかと思われます。

各プロジェクト・チームを競合させ、それぞれが情報交流して高め合い、さらにテスト・マーケティングを通じて、消費者への満足度や売上杯数を基準にコンペを行なうわけです。プロジェクト発足前の提案書レベルでは推し量れない「確度の高い評価」が可能になるのではないでしょうか。

消費者との共創

サプライヤーとのチームMDだけでなく、消費者とのチームMDも増えています。これをコ・クリエーション（共創）と言います。チームMDが顧客にとって「川上」との取組みであるとしたら、共創は消費者という「川下」との取組みになります。

共創は、すでにいくつかの企業が取り組みはじめています。2001年にはじまった無印良品の「モノづくりコミュニティー」はその好例でしょう。消費者はMUJI.netの会員登録をし、サイト上で商品アイデアを投稿します。それに対して、別の会員が意見を投稿します。可能性のあるアイデアを無印良品がプロジェクト化し、開発の進捗を会員に知らせます。そして会員に購入予約を募ります。その予約数が一定以上になったら商品化に踏み切ります。

フランスのeYeka（アイカ）は、企業と消費者との共創を可能にしています。2006年にスタートしたアイカは、世界164カ国29万人以上のクリエイティブ・コンシューマー（一般消費者のうちのプロ・アマチュアクリエイター層）が登録するオンラインコミュニティです。企業（クライアント）がアイカ上で課題を提示し、コンテスト形式で登録者からアイデアや解決策を募る仕組みで、消費者を巻き込んで商品やサービスを共創することができます。アイカのユニークなところは、一般消費者ではないクリエイティブ・センスを持つ消費者が参画している点です。それによって、単なる思いつきではない商品アイデアを手に入れることができます。

外部の専門家をチームに入れる

さて、ソリューション営業で外部のリソースを活用し、プロジェクト・チームに参画してもらうのは珍しいことではありません。ここでは、「外部の会社」を「リソース」と呼びました。ニュアンスが伝わりやすいでしょう。顧客への組織的対応は、社内に留まらず、社外も含めて組織横断的なチームを組みます。これは、ソリューション営業の大きな特徴と言えるでしょう。いわゆる「タイアップ」とか「業務提携」も含まれるかもしれませんが、プロジェクト・ベースで、あたかも「社内チーム」として一緒に働く外の会社です。

従来のベンダー営業であれば、「コーヒーマシンの問題はわれわれではなく、Mさんがコーヒーマシン屋と話し合ってください」となるかもしれません。ソリューション営業では違います。N氏の言葉です。「自分たちに売るものがないからと言って、〝手伝わない〟ということはない」。また、こうも言っていました。「自分たちの売り物ではないと、真にニュートラルな立場で本当に必要なもの、よいものを勧めることができる」と。これがソリューションを提供する営業マンの基本的なスタンスだと思われます。

会社によっては、「自前主義」も見られます。もちろん、コーヒーマシンを自家製することはかなり無駄があるでしょう。しかし、そのレベルでない案件だと、往々にして「自分たちでできるのではないか」と考えることも少なくありません。「そのほうが安くすむ」と考えるからです。

その一方で、コストの問題のみが原因でもなさそうです。「何でも社内でやってしまおう」、または「そうあるべきだ」という発想が染みついていることもあります。その結果、「高コストで品質もイマイチ」なものが時間をかけてでき上がるようです。

社内だけでできることには限界があるのも事実なのです。せっかく、「外部の専門家」という〝エレベーター〟があるのに、わざわざ階段を上るようなものです。外部を使うほうが時間もコストも少なくて、さらによい結果を得ることが多いものです。結局、外部を入れるのは単にリソースを手に入れるだけでなく、「自分たちだけでは見えなかったものを発見する」ことでもあります。顧客はそれまでの見方を変えないから、ビジネスで困っているとも言えます。やり方をどうするかを考える前に、「見方」を変えることで解決に結びつくことも多いのです。

外部のリソースを見る「目利き役」

ソリューション営業では、問題解決に向けて、それぞれの専門分野での専門家を連れて来ることになります。誰を連れて来るかが非常に大事なのは言うまでもありません。今はネットで検索することもできるし、「これは」と思う会社に声をかけて話を聞いてみるのもいいでしょう。なぜ、このような当たり前のことを言うかというと、往々にして自分の知っている範囲でリソースを探すことが多いからです。

その結果、「外部の顔ぶれがいつも同じ」というケースも少なくありません。これだと、いつもと同じ発想になりかねません。

その一方で、そうしてしまうのは新しい問題に新しいチームで当たることにリスクを感じるからでしょう。それもわかります。そこで、M氏がK課長に依頼したように、コーヒーの専門家に「コーヒーマシンの専門家」、つまり「関連分野の専門家」を紹介してもらうといいのです。おいしいコーヒーを作るマシンメーカー探しは、やはりおいしいコーヒーとは何かを知っているコーヒー会社に聞くほうが間違いないからです。

つまり、営業マンは顧客の「専門家エージェント」としての役割、または連れて来た専門会社を評価する「目利き」の立ち位置も求められます。

外部の会社を評価・活用するアドバイザーとして、N氏の場合は自販機営業の経験が活きました。当時、自販機に充填するコーヒー原料を売るために、自販機そのものについて学ぶ必要がありました。そのときの経験や人脈が役に立ちました。どのような経験も無駄にはならないのです。

もし、あなたがこれからキャリアを積みはじめる年齢の営業マンなら、そのようなつもりで何事にも一所懸命、取り組んでいただきたいものです。

外部のリソースは何でも受けてくれるわけではない

その一方で、外部の会社も「声をかければ何でも請け負ってくれる」というわけではありません。お金になればそれでよいと考えるところもあるでしょうが、専門家であればあるほど自分の仕事で忙しいものだし、何よりも意義のあるプロジェクトだということが大事です。誰も、自分の時間を無駄にしたいとは思わないのです。

たとえばM氏が、K課長に声をかけたときも同じです。S社ほどの会社のプロジェクトというのは大きな魅力だったはずですが、一方で採用された場合、膨大な労力と設備投資などをしなければならないかもしれません。せっかくの話なのに、この時点で降りてしまう会社も少なくないようです。そのようなことを納得して理解してもらえたとき、外部はやる気になります。

さらに、私たちは彼らといかに仕事をするか。一言で言うと「リスペクト」となります。外部の専門家、専門知識を使わせてもらうのだという気持ちで仕事をすることです。そうすると、気持ちよく最大の力を発揮してもらうことができます。専門家とはそういうものです。

顧客とあなたの関係でも、同じことが言えるでしょう。「買い手のほうが、売り手よりも偉い」と勘違いしているような顧客とは付き合いたくないし、あまり楽しい仕事にもならないでしょう。

逆に、こちらの専門的なスキルを認め、付加価値を評価してくれる顧客のためなら、全身全霊をかけて仕事に打ち込みたくなるはずです。

私たちが、外部の会社に声をかけるときも同じです。「話を聞く」というより「聞かせていただく」つもりでいる顧客は、見ていてわかります。そのような顧客（私たち）と認知してもらうことができたら、その時点から私たちにコミットしてもらえるでしょう。

開発コストなどのやり取りは顧客に直接やってもらう

F社は、オリジナル・コーヒーマシンの開発にかかる見積もりをA社に出し、A社はその見積もりをそのままの数字でS社に見せました。ここで、会社によっては「共同開発費」として「マージン」を乗せることがあるかもしれません。もっとも、そこではマージンなど乗せず、たとえば原料費の中に織り込んでしまうことがあるかもしれません。

それはそれで、会社の考え方なのですが、ケースの中でのN氏はそうはしませんでした。マシン開発費は、S社がA社を経由してF社に払うのではなく、S社から直接F社に支払い、A社としては開発費に関わらないことにしたのです。

私の経験では、開発費などのお金の流れは顧客と外部リソース会社とで、直接やってもらうほうがいいのです。顧客にとって、「お金の透明性」が高まる上に、営業マン自身の中立性も保つことができます。要は、「顧客の懐具合や外部会社のもくろみ」などを気にすることなく、本当に必要なことが話せます。その上、単純によけいな仕事も減ります。お金に関しては、顧客と外部リソース会社が直接やり取りし、納得のいくまで交渉してもらえばいいでしょう。

それ以上に、私たちがやらなければならないのは、当然ですが「よいものを開発する支援」です。顧客と外部リソース会社だけでは達し得なかった成果物を生み出せるように、積極的に意見やアイデアを述べる必要があります。または実務を推進するのです。

もちろん、営業マンだけの能力では難しいかもしれませんが、どのような分野であれ、顧客および外部の専門家と対等に話ができるレベルでいたいものです。当然、そのための勉強も続けなければなりません。

ケーススタディ⑤

コンビニ・コーヒーのレッテルを剥がせるか

▼テスト・マーケティングの概要

テスト・マーケティングの目的は、「どの程度、ブランドXが消費者に受け入れられるか売上げを検証する」他に、全国の1万6000店舗に一斉導入する前に確認しておきたいこと、とくに「実際の市場で起きる問題」を事前に発見して対策を立てることである。これによって、味の改善やマシンの使い勝手、オペレーションの改善などに有用な情報を得ることができる。テスト・マーケティングで小さく試して、本番では大きく横展開するのだ。

テスト・マーケティングの提案は、K課長のプロジェクト企画書の中でも述べられている。そこでは、都内40店舗で行なわれることになっていた。それがもとになって、マシンもプロトタイプ40台が作られた。その一方で、M氏は北海道が適していると考えていた。S社にとって、北海道は厳しい市場だった。全国平均から見て、店舗売上げが北海道全体は芳しくなく、なかには昨年対比を割り込んでいる店もある。そのような厳しい店を中心に、ブランドXを導入してみてはどうか。もし、それらの店でブランドXが売れるのであれば、おそらく全国どこのエリアに持ち込んでも売れるに違いない。チームはその考えに賛成した。

▼何人のお客様が買ってくれたら成功とするか

では、いったい何杯売れたら「売れた」と見なすのか？　テスト・マーケティングの最初の課題は目標設定だ。M氏はK課長とN氏を呼ぶと、まず口を開いた。「事前に計算してみました。現在のブランドXが1日平均40杯なので、それ以上は売りたいですね。さもなければ、ブランドXの梃入れとは呼べなくなります」と。さらに続ける。「そして、本導入での卓上型マシンの費用を考えると、単純に1店舗で1日45杯の売上げがなければ損益計算上、成立しません。当初、3年で償却するのに35杯程度と見積もっていましたが、開発に意外とコストがかかったこと、とくに中核機構を一部、特注にしたことでF社からの見積もりが変わりました。そこで45杯。まずは45杯が最低ラインかと思います」。

「現在のブランドXの、北海道での数字はどうなのですか？」とK課長がたずねた。「北海道では平均36杯。全国平均よりは低いですね。よって、45杯というのは大いにチャレンジングな目標だと言えます」。K課長もN氏もうなずく。「しかしもうひとつ、目標として設定したいことがあります。もともとのS社の目的は、〝真に生活者のハブになる〟ということでした。そうであれば、〝ハブになる〟とは、1日にいったい何杯売れることなのか。これを、次回のミーティングでアドバイスいただけないでしょうか?」。これは、K課長とN氏にとっても興味深いテーマだった。

次のミーティングでは、M氏の他にA社とF社のスタッフも集まった。チーム全員でテスト・マーケティングの目標値を設定し、全員がそれに取り組むのだ。K課長がファシリテーションを行なう。その前提として、チームに効率的に考えてもらうために、次のようなデータを提示した。

1．全国のS社店舗数：1万6000店
2．1日の1店舗当たり平均来店者数：960人（延べ人数：1100人）
3．日本の人口：1億2800万人
4．現在のブランドXの1人当たり年間リピート率：2・5回

「日本の人口を出したのは〝生活者の真のハブになる〟という目的があるからです。つまり、子どももシニアも含めて、日本人1億2800万人の何人が飲んだらハブ化と言えるのか、という〝定義〟の問題です。時間を2分だけ差し上げますので、考えてみてください」。このようにもともと答えのない問題は、ファシリテーションが向いている。

2分が経過した。たった2分である。そうしたのには理由がある。もともと答えのない問題は、何時間考えても答えが出ない可能性がある。一方、人間の脳とは不思議なもので、「2分で考えろ」と言われると、本当に2分で何らかの答えを出すものだ。そのときの答えは直観や連想的なものが多いのだが、意外とそれらの中に、確度の高い答えが含まれていることが多い。時間を区切って考えてもらうのは、強制的にアイデアを出してもらうよい方法である。

K課長が口を開いた。「考えていただけましたか？　シェアしていただける方は？」「では、Nさんから教えてください」。K課長は順番に全員を指名しながら、各人の考えを聞き出した。そして、ホワイトボードにそれを書き出していった。「なるほど、そのような考えですね」「よくわかります」「すばらしい考えですね」。K課長はできる限り、肯定的な言葉を使って、メンバーの意見を引き出しまとめていった。最終的に、チームは次のような結論にたどり着いた。

1年間で1億2800万人の日本人が全員、今回のコーヒーを飲んでくれたらいいのではないか。つまり、年間で1億2800万杯としてはどうか。それをベースに計算するとこうなる。

960人×365日×1万6000店＝56億人（年間来店者数）

1億2800万杯÷56億人＝０・０２２（来場者に占めるコーヒーの買い上げ率）
０・０２２×リピート率２・５回＝０・０５５（累積売上高）

つまり、テスト店舗では延来店者の０・０５５、つまり５・５％が買ってくれたら、ハブ化と呼んでいいとしてはどうか。もう少しわかりやすく言うと、１日の来店者数が９６０人、つまり約１０００人なので、「１０００人のお客さんのうち55人がブランドXを買ってくれたら、成功としてはどうか」ということだ。

M氏が言った。「損益的に成り立つ45杯を、さらに10杯上回る数字ですね。うん、どうせやるならそれくらいの目標を持ちたいですね。北海道の実験店で1日に55杯くらいまで伸びれば、間違いなくハブに相応しいコーヒーと言えるでしょう。それに、今回の新ブランドXならきっと可能だと思います」。チーム全員が賛成した。

▼1回目のレビューミーティング

テスト・マーケティングがはじまって1ヵ月後、チームは第1回目のレビューミーティングを行なった。M氏が売上杯数をシェアする。「1店舗当たり1日の平均杯数は32杯でした」。目標の55杯には遠く及ばず、それどころか、今までの北海道での平均杯数（36杯）よりも少ない数字に、全員が愕然とした。

今回は、M氏がファシリテーターを務める。「今までより、味もオペレーションも改善されたはずですが、結果はまだ不十分です。ここはひとつ、冷静になって考えたいと思います。あらためて、今までのやり方から変わったことは何でしょうか？」。

「コーヒーの味」「メニューが絞り込まれた」「買い方が変わった」「マシンが変わった」などが挙げられ、それぞれについて詳細に述べ合った。そして、こうして並べてみると、「やらなくなったこと」が目についた。「やはり、マシンが変わってそれまでのお客さんが離れたのか」「それにメニューも絞り込まれたしね」。全員が下を向く。

その後も、いくつかの意見と推測が飛び交ったが、K課長が発言した。「どうでしょう。来週にでも実験店舗を視察してみませんか。今挙げた変化のどれが売上げの減少につながったのか見に行きましょうよ」と。M氏はその場でパソコンを取り出すと、「各店舗の売上実績」を示した。売上げが最も減少したのは札幌市内のオフィス立地C店だった。C店の現場で起きていることを観察すれば、他の店にも共通の対策が立てられるかもしれない。

▼データよりも何よりも、答えは〝現場〟にある

次の週、チームがC店を訪れたのは、午前11時40分頃である。ちょうどランチを求める消費者が来店しはじめる時間だ。「13時までの1時間を店内で過ごしましょう」とM氏が言った。

約1時間を店内で過ごし、多くのことがわかった。「やはり、現場を見るのは意義深いですね。お客さんがコーヒーを注文すると、カップが手渡され、店員が〝あちらのカウンターになります〟と案内していました。不思議と、お客さんはマシンの前まで来て、淹れ方に躊躇する人が多かったように思います」。K課長が観察したままを話した。「つまりお客さんは、カップコーヒーの自販機を見て戸惑っていたようです。使い方は難しくないのに、それでも人は初めて見るものを警戒するのですね。すでに、操作性はかなり高いし直感的に使えると思いますが、初めて見るもので慣れていないので躊躇するということでしょう。なかには手にカップを持っているのに、先に抽出開始のボタンを押してしまって、コーヒーが一方的に流れてしまい、怒り出す人もいました」。

「それからカップを買わずに、マシンの前でいきなり抽出開始ボタンを押して失敗する人もいましたね。カップが自動で装着されるのに慣れていると、そういうミスもあるのですね。しか

も、少なくない数のお客さんがそうしていたように思います」。

「混雑時は、マシンの前に人が滞留して、結局買うのを諦める人も少なくなかったです。多いときでは、ひとつのマシンの前に3人も並んでいて、しかも淹れ方を失敗したり、戸惑ったりする人がいて、さらに混雑ぶりが増すという悪循環ですね」。

その他にも、いくつかの発見があったが、チームとしては次の点を早々に改善することにした。

1. マシンの前面に淹れ方のPOPを貼り出し、戸惑いや間違いを軽減する。
2. 店員の案内の仕方を変える。「カップを置いてレギュラーのボタンを押してください」など。
3. マシンの数を増やして待ち時間の短縮、回転をよくする（マシンの追加製作）。

これらの解決策を実施するべく、チームはそれぞれの役割分担を決め、モノの手配をはじめた。

▼マシンの改善点を知る

また、テスト・マーケティングを通じてマシンの不具合なども、店舗から報告される。「定量が出てこない」「掃除を含めたメンテナンスをもっと簡単にできないか」「味が一定しない」「コーヒー豆の挽き方が一定しない」などなど。

これらの問題を、チームではすべて共有した。レビューミーティングで、技術者が原因と対策の報告をする。「マシンの設定環境がこのようなことだったので、今回のようなことになったと思います」「ノズル部分がこのようなことだったのでこうでした」

チームにとって、店舗からの意見や苦情は貴重な情報だった。「たかだか40店舗なのだから、いますぐ改善してしまおう。全国に展開する前に潰せるものはすべて潰せ」。出てくる、さまざまな問題をひとつずつクリアしていけば、必ずパーフェクトなマシンが完成する。根気と時間を必要とする過程である。

▼消費者テストの実施

3ヵ月目のレビューミーティングで、販売杯数はようやく40杯を超えた。導入当初のような失敗や誤解はなくなったようだ。しかし、この売上げは現在のブランドXと同じだ。このレベルは上回って当然と考えていた。まだまだ課題が存在しているようだ。いったい、何が課題なのか？　そこでM氏がK課長に相談した。「消費者調査をしてはどうでしょう」と。

M氏の考えでは、味やマシンの操作性に問題はないと思っていたが、意外と消費者はそうは思っていない可能性もあるのではないか、ということである。たしかに、これまで消費者の評価・声を体系的に拾ったことはない。「消費者の意識レベルで、このコーヒーがどの程度受容されているか、CLTをしましょう」という声が上がった。

CLTとはCenter Location Test（センターロケーション・テスト）の略で、消費者調査の王道的な手法のひとつである。一ヵ所の調査会場（センター）に消費者を集めて（ロケーション）調査（テスト）するので、このように呼ばれる。たとえば、週末の繁華街などで「謝礼をお支払いしますので、調査にご協力ください」と声をかけられることがある。あれがそうだ。それを承認した人を調査会場に連れて行き、そこで新商品や広告表現の評価を聞く。300人から600人ほどのサンプル・サイズで、彼らの意見を定量的に集計するのが一般的だ。

チームは、M氏の考えに賛同した。そして、K課長はマーケティング部にいたときのつながりで、外部の調査会社を呼んでくると、すべてを取り仕切ることになった。

CLTではいくつかの質問をするが、主要な項目は「このコーヒーを知っているか（認知）」「このコーヒーを買ったことがあるか（購入経験）」「このコーヒーを買った理由は何か（購入動機）」「もしないとしたら、このコーヒーをどの程度、飲みたいと思うか（購入意向）」「このコーヒーを飲んでみて、どの程度好きか（好意度）」「このコーヒーを飲んでみて、また飲みたいと思うか（リピート意向）」「今後、このコーヒーをもっとよくするためのアドバイスは何か（自由回答）」である。同様にマシンについても聞く。そのような質問をするためにCLTの会場にマシンを持ち込み、そこで実際にマシンで消費者に淹れてもらい、そして飲んでもらって話を聞くのだ。市場調査スタッフは、調査票を3日後には提出すると言ってくれた。

▼飲ませないとよさがわからない理由とは？

1ヵ月後、CLTは札幌市内のビルの会議室で行なわれた。そして終了の1週間後、チームは再び集まった。市場調査スタッフが結果報告を行なう。「まず、コーヒー自体の認知は87％という高い数字でした。これは新しいブランドXというレベルではなく、以前のブランドXからの継続的な認知レベルだと思います。そして最も知りたかったコーヒーの受容性ですが、飲んだ後のリピート意向「ぜひ、また買いたい」と答えた消費者は、全体の92％にも達しました。これは私のリサーチャー人生の中でも、稀にみる非常に高い数字です」。

全員はその数字を聞いて、おおいに喜んだ。コーヒーの味そのものが高く評価されている。しかも、92％という数字から、本当に日本人の嗜好性に合った味に仕上がっているように思った。市場調査スタッフは、さらに興味深い報告をしてくれた。「飲む前に〝このコーヒーをどの程度買ってみたいと思うか〟の質問では〝非常に買ってみたい〟と答えた人は18％だったのに、実際に飲ませてみると〝ぜひ、また買いたい〟が92％にまで跳ね上がるのです」。

「その背景にあるのは何でしょう。こんなにすばらしいものなのに、飲む前は18％程度の人しか興味を持たないのはなぜでしょう？」とK課長はチーム全員にたずねた。そのとき、M氏が非常に重要な消費者の意見を見つけた。「コンビニのコーヒーで、こんなにおいしいとは思わなかった、というコメントが多く見られます」。

これは一見「褒め言葉」だが、言葉を返すと「コンビニのコーヒーはコンビニ・レベルであって、大して期待していない。つまり、新しくなったブランドも、しょせんはコンビニが作ったコーヒーなんでしょ？」という先入観があることを示している。これが、「飲ませる前18％」「飲んだ後92％」の裏にある消費者意識である。「飲んだことのない消費者は、ブランドXはコンビニ・レベルの品質だと思っている」。

K課長が言った。「ミニカップで無料サンプリング、試飲を徹底的にやってはどうでしょうか？」。M氏も賛同した。「飲ませてしまえば、逆に低いコンビニ・イメージが幸いして、非常に大きな驚きを与えることができますね。それに、今後のリピートも92％という高いレベルで見込める。まさにブランドXの梃入れでもあるし、われわれS社のイメージを大きく改善することにもなりますね」。

▼大規模なサンプリング・キャンペーン

M氏は早速、実験店40店舗すべてで徹底的なサンプリング（試飲）を、1ヵ月間行なうことにした。20ミリほどの量をミニカップに入れて、店内で来店者に勧めるのだ。だいたい、1日に1000人が買い物に来る。そのうちの子どもを除く全員にサンプリングする。

サンプリングの際に、「挽きたて淹れたてコーヒーです」「こちらのコーヒーマシンで熱々を、一杯100円です」など、ひと言添えるようにする。マシンの前にはスタッフを立たせ、使い方をインストラクトできるようにもした。

サンプリング・キャンペーンの期間中、全店で出口調査も実施する。出口調査とは、消費者がその店を出るときに「何を買ったか」を聞く調査方法である。この手法そのものは多くの場合、選挙会場の出口で有権者に、誰に投票したかを調べる手法として知られている。そこでの結果をもとに、当選確実などの速報が流れるのだ。今回の場合は、「試飲はしたか」「ブランドXを買ったか（多くは手に持っているので、見ればわかる）」「以前にも、ブランドXを買ったことがあるか」「その他には何を買ったか」などだ。これによって、サンプリングの効果が明確に検証されることになる。

M氏はもとより、チームの全員が調査員として調査会社のスタッフ同様、出口調査の実査を行なった。実際に、消費者に接してリアリティを肌で感じるいい機会でもあるからだ。1日に100人ほどの消費者にたずねた。

キャンペーン終了後のレビューミーティングにて。「今月の売上げは68杯でした。目標の55杯を大きく上回ることができましたよ！」。全員が歓声を上げた。「どれだけ口やPOPでおいしくなったと言っても、おそらく信じてもらえなかったと思いますが、やはり飲んでみて〝これは今までのコンビニ・レベルのものとは違う〟〝うまい！〟と思ってもらえたことが、最大の成功要因だと思います」。

「出口調査の結果を見ても、試飲した人と買い上げた人の相関が非常に高いですね。サンプリング・キャンペーン自体はたいへん効果があったと思います。全国導入でもサンプリングから導入するのが効果的でしょうね」。

「ミニカップで試飲をした時点で、驚く人も少なくなかったですね。それに、試飲をはじめてから後半になればなるほど、ブランドXの杯数が日増しによくなっていくのも、面白い傾向です。出口調査の結果を見ると、後半になればなるほど、リピーターの数が増えていくのがわかります。浸透していく様を見せつけられたように思いました」。

「店頭で見ていると、明らかに消費者がブランドXに慣れてきているのがわかりました。もはや、マシンで失敗する人も皆無でした」。

サンプリングを行なったことで、消費者の「コンビニ・コーヒー」へのレッテルは剥がれ、今では新しい価値の定着が図られているようだ。後は、これを繰り返すことで、ブランドXは「今までのコンビニ・コーヒーとは大きくかけ離れたコーヒー」として認知が進むものと思われる。

考察⑤

ファシリテーションによってチームの合意形成をスピードアップせよ！

レビューミーティングは日程から決める

プロジェクトでは、「レビューミーティング」を定期的に持ちます。そこでは、実績レビューを中心とした進捗の確認を毎週1回ほど行なうといいでしょう。仮にアジェンダ（行動計画）が決まっていなくても、レビューミーティングの日程を先に決めておきます。営業マンも顧客も忙しい中で時間を合わせるため、そのつどスケジュールを調整すると、なかなか時間を確保できないことになります。よって、先に日程だけを押さえてしまいます。

このようなやり方をすると、そのつど複眼的に問題の認識をすることができるし、プロジェクトの失速リスクもなくなります。

PDCAではなくCAPD

ソリューション営業を推進する上で、テスト・マーケティングは効果的なプロセスです。

そもそも、「漠とした高度な問題・課題」を解決するのですから、ソリューションを提供する営業マンも、「解決策も漠然とはわかるが、本当にうまくいくかどうかわからない」のも致し方ありません。営業マンも、スーパーマンではないのです。

よって、ＰＤＣＡをベースに「小さなテスト・実験」を繰り返しながら、大きく横展開をしていくテスト・マーケティングは有効です。テスト・マーケティング自体が解決プロセスとも言えます。もっとも、テスト・マーケティングを行なわずとも、もっとダイレクトに解決する案件もあるでしょう。

ＰＤＣＡについても、言っておかなければなりません。ソリューション営業でレビュー会議を行なうとき、議論のベースになるのはＰＤＣＡです。モノゴトがうまく進んでいるのかどうかを検証しながら、修正を加えて進めていきます。

ＰＤＣＡは「ビジネスの基本」と思われていますが、意外にもこれを回すことに慣れていない会社が多いように思います。とくに、「検証」が弱いように思います。そもそも、検証するための仕組みを持っていないことが多いのです。

私が思うに、「検証志向」であることはテスト・マーケティングに限らず、すべての仕事に有効と思われます。仕事とは、詰まるところ、すべてが手探りの中で行なう〝実験〟です。定型的な業務ですら、もし「今よりもよくしたい」という改善意欲があるのなら、やはり実験です。営業マンは実験の達人であってほしいものです。

私が考えるに、そもそもPDCAの実態はCAPDです。現在の課題を明確にした後（C）に、テスト・マーケティング（A）、横展開のプランニング（P）、実施（D）、というのが妥当な考え方です。現状の足元を見てからテストをするため、チームの納得性も高まります。結局は、効率的に仕事をする上での共通言語、またはスキームそのものなのです。面白いもので、ソリューション営業に強い会社とは、このサイクルが骨身に染みて身についている会社です。

営業マンも、そのような組織に属していると、必然的にそのサイクルを回すことが当たり前になり、その結果、現場に紐づいた仕事をすることになるのです。そうして、CAPDを「徹底的にやり抜く」ことが当たり前なっている営業マンは、やはり強いのです。そのためには、顧客とともに一緒に悩み、考え、決定し、実行し、そして検証するというサイクルをできる限り多く経験するしかありません。これは、訓練でもあるのです。

ファシリテーションとは何か

さて、テストを行なうにせよ行なわないにせよ、ソリューション営業はチームで動くので、営業マン（またはチームの各メンバー）は「解決策はこれだろう」という合意形成を行なわなければなりません。しかも、各分野の専門家や、それぞれの意見を持つ立場の人たちと一緒にプロジェクトを推進するわけですから、ときには対立的な意見やアイデアも出るものです。そのようなときに仕切る能力が求められます。日本の大手企業を見ていて思うのは、広告代理店が「外部チームを仕切る」ようには、複数の会社を主体的にまとめる仕事に慣れていないことです。外部リソースの人たちを前に、顧客が求めるのは「誰か仕切ってよ」ということも少なくありません。そんなときは「仕切り能力のある営業マン」の出番です。

その仕切る能力のことを「ファシリテーション」と呼びます。正しくは、「チームの発言を促進したり、理解を高めたりしながら合意形成を促し、チームの活性化や協働を促進する手法」です。もう、ずいぶん前から、ミーティングの生産性を高める手法としてファシリテーションが注目されています。さまざまな専門家が、ひとつのチームで高度な問題解決に取り組む状況では、「運営スキル」そのものでもあります。そこで使われる言語は、専門家によってバラバラといったことなどが課題です。今では外国人とのチーム編成も珍しくありません。そのような状況で「顧客の課題解決」のために、限られた時間で最大限のアウトプットが得られるようにしなければなりません。

◤誰もがファシリテーターを務める◢

「今回、ファシリテーターを務めるA社の○○です。ファシリテーターなんていうと偉そうですが、〝パシりテーター〟として、何でもおっしゃってください」。こんな具合に挨拶をする営業マンもいます。たったそれだけで、チームもなごみます。ケースでのM氏のように、ときには営業マン以外のメンバーがファシリテーターを務めることもあります。

テーマによって、ファシリテーターは変わります。「メンバーに考えを問いたい人」がファシリテーターになります。または、「この問題なら、彼にファシリテーションをしてもらうのが適切だ」というチームの判断の下に決められます。

ソリューション営業で面白いのは、「特定の人がリーダーシップを取る」という組織的なヒエラルキー（階層性）がないことです。誰がチームを主導するかは、「テーマによる」のです。一方で、そのテーマについて全員で考えて答えを出すのも特徴です。そこでは、「顧客」とか「サプライヤー」という立場的な概念はありません。各々がお互いをプロの専門家とリスペクトし合っているからこそ、自然にそのような取組みが可能になります。

旅人もまた「ファシリテーター」だった

ファシリテーションを具体的にイメージしていただけるよう、ある寓話をご紹介しましょう。

ある村の女の人の家を身なりのよい旅人が訪ねて、「何か食べ物をいただけないか」と言いました。「あいにく、何もないんですよ」と女の人は答えました。「ご心配はいりません」と旅人はにっこり笑って言いました。「このかばんの中にスープの石を持っていますから。それを熱湯の中に入れさせていただければ、世界一おいしいスープができ上がります。大きな鍋にお湯を沸かしてください」と。「本当だろうか」と女の人は半信半疑で、火の上に大鍋をのせて、隣のおかみさんにこのいきさつについて耳打ちしました。お湯が煮え立つ頃には、近所の人が残らず、本当にスープができるかどうか、見にやって来ました。

旅人は石をお湯の中に落としました。そして茶さじですくって、おいしそうに味わいました。「なかなかうまい。ジャガイモが入れば上出来だ」「ジャガイモなら、私のところにありますよ」と、それを見ていたひとりが言いました。そして自分の家に取って返して、ジャガイモの皮を剥いたものをたくさん持ってきて、鍋に放り込みました。旅人はまたひと口、味見をして言いました。「ああ、うまい。肉が入れば素敵なシチューができるんだが」。そこで、別のおかみさんが家に取って返して、肉を少し持って戻ってきました。旅人は感謝して、それを鍋に投げ込みました。ひと口味わって旅人は天を仰ぎ、「実においしい！」と言いました。

「少し野菜が入れば、言うことなしだ。完璧だ」ということで、別の人が家に走って戻り、籠いっぱいのにんじんと玉ねぎを持ってきました。鍋に野菜を投げ込んで煮えるのを待ち、旅人は味見をしました。「塩とソースが要りますね」「ここにあります」と、家の主の女が言いました。そして今度は、命令口調で言いました。「めいめいにお椀を！」と。人々は家に取って返って、お椀を持って戻ってきました。パンと果物を持ってきた者もいました。そしてみんなで座って、おいしい食事がはじまったのです。旅人はみんなに、信じられないくらいおいしいスープを並々と入れたお椀を配りました。笑ったり、しゃべったりしながら、一同は最初の共同炊事のごちそうを味わいました。誰もが、とても幸せな気持ちでした。楽しいパーティの最中に、旅人はこっそりと立ち去りました。奇跡のスープの石を残して。世界一、おいしいスープをこしらえたいと思えば、いつでも使える不思議な、不思議な、魔法の石でした。（世界中から集めた深い知恵の話100／マーガレット・シルフ編・女子パウロ会刊）

ファシリテーションとは、まさしく旅人の行なったことです。顧客の複雑で高度化した要求に応えるために、社内外のリソースを組み合わせながら、「世界一おいしいスープ」を作り出すことが求められています。

考えてみれば、この寓話で出てきた肉や野菜も、もともとはこの村にあったものでした。それが旅人のファシリテーションによって協力的に集められ、最終的なスープを生み出したのです。ソリューション営業も同じです。チーム・メンバーが持つノウハウやスキル、人材や知恵をうまく集合させて顧客にとって喜ばれるもの、同時に自分たちも大きな充足感を得られるような活動こそが、現在求められています。そのようなおいしいスープ（新たな付加価値）を提供できる、旅人型の営業マンが求められているのです。

ファシリテーターは設問設定能力が命

では、ファシリテーションの方法について見ていきましょう。ケースの中では、「真に生活者のハブになるには、いったい1日に何杯のコーヒーが出なければならないか」という問題を取り上げました。このように、答えのない問題を解くのにファシリテーションは向いています。つまり、「決める（合意形成する）」プロセスなのです。K課長は、メンバーに考える素材（人口などのデータ）を与えています。そもそも、この素材が提示されること自体、K課長の中である程度の仮説（解決策）があるからです。データは、実はこれ以外にも可能性がありますす。しかしK課長の中で、「日本の人口の何%がブランドXを飲んだら成功とするのか」の自分なりの見解があったので、このようなデータが準備されたわけです。

そして、そのような仮説にチームを導く「設問」が用意されます。事実、ファシリテーションは〝ファシリテーターの仮説〟にはじまり、〝効果的に導く設問〟が重要です。繰り返しになりますが、まずはファシリテーター自身が「きっと、こんな答えになるのではないか」という、自分なりの予想を持っていなければなりません。

次に、「どのような設問設定が、チームの問題を効率的に解決するか」です。ファシリテーションの初心者がやるのは、そのような仮説を持たず参加者に答えを求めることです。これだと、参加者から答えが出てこないという初歩的な失敗をする上に、ファシリテーションのための準備もどうしていいのか見当がつきません。

また通常、ミーティングは1時間から2時間程度で行なわれます。そのような短時間に、いろいろなメンバーから意見をひっぱり出すのですから、よくよく考えて設問を立てる必要があります。あまり回り道をしなくてもよい設問です。私の経験では、1時間にひとつのテーマを取り上げるのがいいと思います。その間に、ひとつ～3つ程度の設問を用意します。そして、ケースの中でメンバーがやったように、参加者自身が答えを出すように導いていくわけです。適切な設問設定ができた時点で、問題の半分は解決したようなものです。

最後に参加者の意見を仰ぎたいのは、はたして「人口の5・5％が妥当かどうか」の部分です。人によっては、少ないと言うでしょう。しかし、コーヒーを飲めない子どもからコーヒー嫌いまでを含めての5・5％であれば、それでも多いのではないかという意見もありそうです。

つまり、そのような議論こそが発展的な議論で、発展的な議論を誘発するものが優れた設問と言えます。

ファシリテーションのグランドルール

私がファシリテーションの研修をする中で、必ず紹介するものがあります。それは、「ファイブ・グランドルール」と呼ばれるものです。これは私が理事を務める（財）ブランド・マネージャー認定協会で推奨しているもので、ファシリテーターの〝5つの基本的態度〟をまとめたものです。「褒める」「受け止める」「傾聴する」「待つ」「楽しむ」の5つです。ひとつずつご紹介しましょう。ファシリテーターを目指す方は、ぜひ実践を通じて身につけるようにしてください。

① 褒める

ファシリテーターは、参加者の意見をポジティブに受け取るようにしましょう。一見、たいしたことがない意見だとしても貶《けな》さず否定せず、できるなら褒めてほしいのです。褒めるというのは、何もおべっかを使うということではありません。発言してくれた人の意見を、「評価していますよ」と態度で示すことが、褒めるという行為なのです。

これは、何もファシリテーターに限りません。参加者も、お互いに褒め合うといいでしょう。「なるほど、いい考えだ」「ここがすばらしいよね」など、他人の意見に同意を示すことが大事です。会議でよく見るのは、誰かの意見の批判や否定的な見方、または一方的な見方です。このような人とミーティングをしていると、どんどん気分が悪くなるものです。最悪、「この人に何を言っても無駄だ」となるかもしれません。

そうなると、「考えを引き出す」ことができなくなります。ましてや、ファシリテーター役の人が、参加者と同じ目線に立って「それは違うのではないか」などとやると、そう言われた参加者は、「もういいや」となりかねません。相手に、気持ちよく意見を言ってもらうには、ポジティブな空気感を醸成することです。それには、褒める・褒め合うことが大事です。

②　受け止める

ミーティングでは否定はしなくても、「自分と違う意見」を言う人はいます。ファシリテーターに限らず、人によっては、それを否定されたと感じることもあるでしょう。2つ目のルール「受け止める」は、それを想定したものです。仮に、相手が自分と違う意見を言ったとしても、それを否定しないこと。「違い」を「違い」として理解して許容することです。これを「受け止める」と言います。

「この人は、こういう考えをもっているのだな」と理解して認めてあげることと言ってもいいでしょう。誤解してほしくないのは、「肯定すること」ではないのです。自分の意見は自分の意見として持ちながら、相手の意見もリスペクトするという態度です。これも、創造的でポジティブな空気感を醸成する方法です。誰も自分の意見を否定されないので、自由に考えを述べることができます。

③ 傾聴する

傾聴は営業マンの基本だと思いますが、ファシリテーターにとっても重要です。相手の発言を全身で聴くこと。誰かが発言している最中に割って入るように意見を言う人は、これができていません。そのような人がいる場合、ファシリテーターは、「今は、この方の考えを聞きましょう」と交通整理しなければなりません。

④ 待つ

実は〝傾聴する〟と〝待つ〟は、2つでワンセットです。参加者によっては、発言を求められて考え込むことがあります。8秒、9秒……ただ考え込むケースです。このようなときに、ファシリテーターは発言の「助け船」を出したくなりますが、ここで「こちらも待つ」を心がけてください。

実は、この沈黙は「ぴったりの言葉で自分の考えを表現しようとしている状態」なのです。参加者は、最高に的確な発言をしようとしています。これを「生産的沈黙」と言います。それを邪魔しないよう、ファシリテーターは待つのです。したがって、〝待つ〟は〝傾聴〟の一種なのです。

⑤　楽しむ

私はどのようなアイデアも、本当に生産的なものは〝楽しむ〟ことから生まれると思います。これまでの4つのルールは、最後の〝楽しむ〟のためにあるとすら思います。実際のファシリテーションの楽しさとは、「知的な楽しさ」です。自分ひとりでは思いつかなかったようなアイデアに出会い、それがチームの結論として合意形成されていく快感。そのような楽しさを共有することができれば、ファシリテーションは意思決定プロセス以上の価値を発揮します。それは、チーム・ビルディングです。チームとしての一体感を作り出す効果があります。

では、ファシリテーションを楽しくするにはどうしたらいいのでしょうか？　この答えは簡単で、ファシリテーター自身が楽しむことです。小難しい顔をして、難しい設問をするのではなく、誰でも気軽に答えられるような、しかし問題解決に結びつく設問を〝楽しく〟考えはじめることです。そして、実施のための準備を〝楽しく〟行なうのです。当然、ファシリテーションそのものも楽しく行なうことです。旅人の寓話を思い出してください。これが、ファシリテーションを成功させる〝スープの石〟なのです。

4

顧客と
ウィン・ウィンを
築け！

ケーススタディ⑥

北海道全域にテスト・マーケティングを拡大する

▼横展開の開始

店頭の売上杯数データ、また店自体の全体売上げを見ていて面白いことを発見した、とM氏が切り出した。「実は、サンプリング・キャンペーンの1ヵ月、実験店舗の店全体の売上げが昨年対比を上回ったのです」。それまで、昨年実績を割り込んでいた店の全体売上げが、明らかにブランドXの売上げのみでは回復しないレベルでよくなっていたのだ。M氏はこれを上層部にも報告し、上層部でも驚きの声が上がったという。

「同じ北海道エリアでも、実験店以外ではこのような傾向はないのです。つまり、ブランドXが引き金になって、来店者が来店ついでに他の物も買ってくれていることを示しています。昨年実績を20％以上伸ばした店もなかにはあります。北海道エリアはS社にとって本当に厳しい市場ですが、そこでの打開策にも、ブランドXはなっているようです」。ブランドXが売れると、その他の「ついで買い」が大いに増えるというわけだ。

「どうやら、パン類やペストリー、それにサンドイッチの関連購入が増えています。朝、ブランドXを買うついでに、それらを買って朝食にするお客さんが多いようです。しかしありがたいのは、100円のブランドXがきっかけになって、250円のサンドイッチが売れる。これは理想的な関連購入だと思います」。

「さらに、客層も広がったようです。それまでは、女性客はどうしても敬遠しがちでしたが、ブランドXはオフィスで働く若い女性のみならず、年配の女性や主婦などの幅広い女性が支持し、買ってくださるようになりました。もちろん、彼女たちもブランドXだけでなく、それに合う関連商品を買ってくださっています」。

「これは面白い傾向です。店舗のオーナーさんたちもそのような関連購入を理解していて、各店舗でブランドXに合った関連商品の品揃えを強化する動きがあります。それも自主的に行なってくれているようで、店自体の経営活性化につながっています」。

チーム全員が再び沸いた。そしてM氏が言った。「しかしながら、たかだか40店舗では検証不足です。そこで、ブランドXの実験店を現在の40店舗から北海道全域、つまり1000店舗に拡大しましょう」。実質、この時点から「小さく試す」ステージは終了し、横展開のステージへと入った。それによって、以後A社の売上高は飛躍的に拡大しはじめることになる。F社もマシンを工場生産し、大いに収益を上げるようになる。

1000店舗でのテスト・マーケティングも、やはりこれまで学んだ手法を中心に展開した。まずは、マシンへの躊躇感や混乱をなくすこと。そしてサンプリング。サンプリングは店舗が中心になって計画し、積極的に行なうようになった。また、全国展開に備えたスケールのテスト・マーケティングも開始された。北海道は独立商圏であり、あたかも全国市場同様、フルショットのマーケティングが行なえる。

チームは、テレビ広告や自動車通勤時のFMラジオ、駅や電車内でのデジタルサイネージなども実施して、「新ブランドXの理解向上」にも努めた。その結果、ブランドXの杯数はテスト開始から3ヵ月で、全道で70杯を超えるのが普通になった。そして、北海道エリアでの店舗全体の業績も昨年対比を上回るようになった。どうやら、店舗そのものの業績を回復させる効果も本物だ。「面白い、面白い。もうテストはいいから、早く全国展開しましょう」

▼全国展開のための経営答申

テスト・マーケティング開始から1年（プロジェクト開始から2年）が経っていた。S社経営陣へのテスト・マーケティングの報告と全国展開のための答申が行なわれた。M氏と一緒にK課長とN氏、そしてA社側のプロジェクト・オーナーであるI取締役も出席した。広い会議室には、S社の経営陣が12人ほど座っていた。M氏がプレゼンテーションをはじめる。

「具体的な答申に入る前に、最終的なテスト・マーケティングの結果はこうでした」と、まずはこれまでの杯数の変化とその背景にある施策の内容をひと通り話した。最終的なマシンと、ブランドXもその場で試飲された。経営陣が静かに味わう。「なかなかうまいじゃないか」。そして、M氏がやおら切り出した。

「今回のコーヒーは、これまでの150円ではなく、100円で販売されます。しかし、100円だから売れたのだと思われるのは心外です」。経営陣はすべての報告を、この2年間受けてきたが、M氏のその言葉に「ほう」と言った。

「プロジェクトで学んだことはたくさんありました。まずは消費者です。私たちは、これまでも消費者の生活に役立とうと、いろいろな商品を出してきました。多くは、メーカーの商品ひな型をベースにしたものや低価格を訴求したもの、またはメーカーと共同開発したものなどがありました」と、M氏はさらに続けた。

「しかし今回、ブランドXのプロジェクトを通じて、私はコンビニが作る商品が消費者からどのように思われているか、多くの場合はあまり期待されてはいないことを痛感しました。〝真の生活者のハブになる〟ことのハードルは高いと思いました。ただ商品を出すだけでは、消費者は価値を感じないのです。これまでのコーヒーもそうでした。消費者は、コンビニのコーヒーは、しょせんコンビニ・レベルであって、まずくはないだろうけれど期待するほどでもないと考えていることがよくわかりました。消費者にとって、100円のコーヒーは、しょせん100円のおいしさしかないと考えていたのです」。経営陣が聞き入る。

「そのような中で、ここにいるA社の方々と一緒になって、〝消費者の期待を大きく上回る〟ことを念頭に開発を進めてきました。ブランドXの品質改善は大成功だったと思います。消費者の嗜好性の研究、コーヒーのコンセプト開発から独自のコーヒーマシン開発まで、すべてが高品質化に向けて検討されました。A社の方々、そしてF社の方々のアイデアをたくさんいただきました。すばらしいコーヒーが完成しました」。

「しかしそれだけでは、消費者のコンビニ・コーヒーに対するレッテルを覆すことは難しかったのです。飲んでもらえればそのよさをわかってもらえるのに、飲んでもらうまでがいかに大変かを学びました。同時に私たちが、これまでの商品開発、そしてコミュニケーションをどれほど真剣にやってきたかも考えました。消費者のコンビニ・ブランドを見る目は決して甘くないし、それはそのまま私たちがやってきたこと、またはやってこなかったことの結果だと思いました」。

「これまでブランドXを飲んで失望した人、そして飲んだことのなかった人にも興味を持ってもらえるようにしようと思いました。コーヒーの味を最高にするために研究を重ね、コーヒーマシンの改良を頻繁に行ない、需要を創造するべく、店内、店外でのマーケティング・コミュニケーションも展開しました。その結果、消費者もようやくレッテルを剥がしてくれるようになってきています。当初は、コーヒーを作るのに40秒かかるのが不満だと言っていた消費者も、今では〝40秒だからいいのだ〟と言ってくれています。また、今ではブランドXのカップを持ち歩くのが〝賢い消費者〟の象徴になっています。コーヒーの専門店で300円以上のお金を払ってコーヒーを買わなくても、100円でこれほどおいしいコーヒーが飲めることを〝私は知っている〟と世間に見せたい消費者が増えているのです」。

「このような消費者を増やすこと。これこそが〝真に生活者のハブになる〟企業が提供する価値なのだと、今は考えています。そのようなコーヒーを全国のお客様にもっと楽しんでいただけるよう、本日、経営陣のみなさまに全国展開の答申をさせていただきます」。答申資料が配布され、M氏の答申プレゼンは20分ほど続いた。経営陣はそれをじっと聞いた。最終的に全国展開はその場で承認された。

経営答申の後、M氏がK課長たちに言った。「みなさん、このたびは本当にありがとうございました。たいへんすばらしいお仕事をしていただき感謝しています。プロジェクトでは、たびたび無理なお願いもしたかと思います。それにもかかわらず、お付き合いいただき、ご指導を賜りましたこと、あらためてお礼を申し上げます。おかげさまで、ブランドXは大成功できそうです。私は生活者に直接商品を販売する会社の者として、これまでも商品開発をさまざまなメーカーさんとしてきましたが、今回のプロジェクトは私にとっても、また今後の私たちの仕事にとっても、たいへん意義深いものだったと理解しています。本当にありがとうございました。そして引き続き、よろしくお願いします」。K課長とN氏、そしてI取締役も、深々と頭を下げて感謝した。3人とも、とても満たされた気分だった。

▼ブランドXの全国導入

全国導入が正式決定し、K課長とN氏の仕事はさらに忙しくなった。まず、コーヒー豆の供給を切らさないように、生産計画の抜本的な見直しをしなければならなかった。今やA社にとって、ブランドX用の原料は、最も優先順位の高いアイテムのひとつである。絶対に欠品を出すことはできないし、急な出荷にも備えなければならない。同時に、家庭用の既存製品も問題なく生産しなければならない。そのバランスの中で生産計画は立てられた。

「今後、ブランドXはさらに売上げを増すだろう」と、N氏とK課長は話していた。すでに売上杯数は80杯を超えている。「今の生産設備ではとても間に合わない。近々、新たな設備投資をしなければならないだろう」。

さらに、物流も改善しなければならなかった。北海道でのテスト・マーケティングではあまり問題ではなかったが、全国展開によって「温度」「湿度」の問題が持ち上がった。それぞれのエリアで、それぞれの気候風土がある。高温多湿のエリアでは、鮮度が劣化すると脂分が出てきて、それが香りと旨味を損なうのだ。N氏が言った。「ローストしたコーヒー豆はチルド物流で運びましょう。店舗内では在庫の冷凍保存を徹底しましょう」。

さらに、地域差は「水質」にも影響を与えた。ひと口に「日本は軟水」と言っても、やはり水質のいいところもあればそうでない場所もある。N氏たちは、M氏と話しながら各店舗に浄水器を設置することにした。浄水器によって、さらに良質な軟水にすることができる。どこの店舗で買っても、一定以上の味と品質が確保できるはずだ。

F社も、全国展開によって仕事は忙しくなった。マシン生産量が店舗の導入需要に追い付かない状態である。基本的に、マシンはS社本部によってすべて買い上げられ、本部主導でフランチャイジー各店舗に貸し出された。導入に当たって店の負担はないので、店からのマシンの需要は底なしだった。「そんなに売れるコーヒーなら、もっと売りたい」ということだ。各店舗、1台では足りず、多いところでは3台のマシンを置くところも少なくなかった。最終的に、すべての店舗に十分な数のマシンを供給するまで1年が経った。

▼売上高6300%の営業

全国展開を開始して1年。N新聞の〝最優秀N新聞社賞〟には、ブランドXが選ばれた。「価格はシンプルに100円。それなのにスターバックスなど、有名ブランドに負けないおいしさが楽しめるとあって、1年間での売上杯数は4億6000万杯に達した」と紹介されている。

4億6000万杯。日本の人口の約4倍近い杯数を、たった1年で叩き出してしまった。ここには、チームの誤算があった。M氏が笑いながら言う。「CLTでリピート率が92%と出たときに、僕たちは気づくべきだった。目標杯数を計算したときのリピート率2・5回を、その時点で変更する必要があった」と、K課長もうれしそうに答えた。「人口の4倍という回数は想像を超えていました」。

A社にとっても、信じられないくらいの売上げを提供した。テスト・マーケティング期間に、S社に納品された昨年の売上げに対して、今年の売上げは6300％を達成した。この数字は誤植ではない。昨年対比で63倍の売上実績を上げたのだ。より厳密に言えば、圧倒的な売上純増である。家庭用の売上げは別として、ブランドXのみでS社からの発注は100億円を超えた。これはK課長の目標でもあった。しかし、「売上げが立てばそれでいいというわけではありません」とK課長が続ける。「むしろ売れているからこそ、もっといいものにしていかなければならないのです。おそらく、ブランドXを真似る競合がすぐに現われます。そのときに、差別化が困難になって、レッドオーシャンの競争をするのではなく、日頃から常にもっといいものを目指して進化させていくのです。消費者にもっと満足してもらうための研究と実践です。つまり、競争とは自分との競争であって、製品の魅力とはそのようにして高まっていくのです」。

ブランドXは今後、もっと売れるだろう。S社の店舗は日本国内だけに留まらない。海外展開している世界16か国と地域を数えると、5万店もの店舗がある。今後、そこへの展開も考えられる。5万店を超えるS社は、「日本発のドリップコーヒー」で世界一のチェーンになっていくことも十分に考えられるのだ。

▼業界での名声

A社が得たものは、売上げだけではない。ブランドXの成功は、A社の業界内での評判も高めることになった。S社の記事は、毎日のように新聞に載った。そこでは、A社のことが語られることもあった。

『何と、1店1日平均で91杯、年間4億5000万杯の総販売数。ブランドX脅威の創客力の秘密！　使用する原材料（コーヒー豆）、その焙煎や挽き方とおいしいコーヒーをお客様に提供するための、徹底したこだわりをサポートしたメーカー、A社とのチーム・マーチャンダイジング体制』

『チームとして組んだ相手は、コーヒーではプロフェッショナルなメーカーA社。彼らがS社商品部の開発部隊から声をかけられた。これが持つ技術力、商品開発力、原材料調達・加工の能力が評価されたのである』

『最強チームで夢の商品を実現。本当においしいコーヒーを100円で実現できたのは、開発者たちの情熱と冷静なマーケット分析、何よりS社を中心としたチームMD、そしてA社をはじめとするサポート体制の賜物だ。原料メーカー、資材メーカー、ベンダー、デザイナーなどが、業界の垣根を越えて新しい商品を生み出していくこの制度は、S社ならではのもの。そこでは利権争いではなく、モノづくりへのあくなき探求心が求められる』

A社にとってありがたかったのは、S社経由で掲載される記事の多くが、「A社さんが、われわれのコーヒービジネスに協力してくれた。助けられた」というトーンだったことである。これは、PRとしては最高の露出方法である。大きな仕事をしたとき、自分から「私がやりました」と言うのではなく、他人が「彼が助けてくれました」と言うほうが世の中の評判は高まる。そのような中で、業界内でもA社のことを知った、または見直した顧客が増えた。

最も大きな変化は、「A社は家庭用に強いブランドだけれど、ブランドXのような外食、業務用の仕事もできる」という新たな認識だった。顧客からの新たな期待が生まれたのだ。当然、A社ではこれまでも外食や業務用の仕事も請け負ってきたが、そのようなイメージはあまりなかった。その結果、限られた既存顧客を対象にしたビジネスで、新規案件がもたらされることも少なかった。営業活動も「こちらから取りに行く」ものだった。大手企業でも、意外と新規開拓で苦労している会社は多い。A社もそうだった。しかし今では違う。A社には、S社と同等クラスの大型新規案件から小さな案件まで、次々ともたらされるようになった

考察⑥

売り込みを不要にする新規集客とは？

ソリューション営業の流れをおさらいする

これまで、ソリューション営業の各ステップを具体的に見てきましたが、この章では「新規獲得」について見てみましょう。多くの営業マンの興味・関心事でもあります。ここで一度、おさらいをしておきましょう。次のステップを踏んで顧客へのソリューションが提供され、最終的にあなたは実績を作ることになります。

■ソリューション営業のステップ

1. 顧客から相談される
2. 対話とプロジェクト立案
3. 社外リソースも含む組織横断的なチーム編成
4. 解決のためのテスト・マーケティング
5. 検証と修正

6．横展開

ソリューション営業では、こちらから新規獲得をするというよりも、顧客から「ちょっと相談に乗ってください」と言われることが入口でした。そして、どのようなことが可能なのか、「対話」を通じて理解し、プロジェクトを提案することになります。

プロジェクトでは、社外のリソースも含めて組織横断的なチームが編成され、テスト・マーケティングを開始します。定期的なレビューミーティングでは、常に検証をベースに情報共有をしつつ、進行状況を確認します。

また、「ファシリテーション」によってプロジェクトを前進させます。最終的に「命中率の高い解決方法」を手に入れたら、一気に横展開し大きな収穫を得ることになります（投資の回収）。

相談されやすくするための仕掛け

多くの会社で問題なのは、「相談してもらえるかどうか」です。これが、新規獲得と言えばそうかもしれません。相談してもらえないばかりに、「今まで通りの営業」を続けていることもあります。そのような場合には「ステップ０：きっかけを与える」というものが必要です。意外と顧客は、「こんなことを相談してもいいのだろうか」と躊躇していることがあります。

また、あなたがそのような相談に乗れると理解していないこともあります。

したがって、ときには顧客に「顧客の問題にフォーカスした個別ワークショップ」や「業界によくある問題を取り上げた公開セミナー」などを提供するといいでしょう。ワークショップでは、ファシリテーションが活きます。またセミナーでは、いわゆる「営業セミナー」ではなく、純粋なノウハウ提供型のセミナーがいいでしょう。そのような機会を通じて、顧客はあなたがソリューションを提供できることを認知し、実際に相談ニーズが高まったときに声をかけてくれるようになります。

ブランディングという発想

もうひとつの方法が、「ブランディング」です。A社は、S社のパブリシティによって「ブランドXの陰の立役者」として世間に認知されるようになりました。ブランドとは、詰まるところ、世の中の「評判」です。評判が高まったことで、A社の集客スタイルは一部、変わりはじめました。それまで新規営業は、A社から顧客のドアを叩くのが常でしたが、S社の記事が出て以降、新規顧客のほうから「ちょっと相談がありまして」と声をかけてくるようになりました。これがブランディングの力です。

ブランディングとは、集客を不要にする技術でもあります。いかに集客するかではなく、いかに「集客を不要にするか」を考える戦略です。つまり、顧客のほうから「あなたが必要だ」と言ってくれる状況を作り出すのがブランディングです。

ある建築設計事務所。ここの売りは、社長以下、設計士全員が女性です。コンセプトは「設計士が全員女性で、女性視点を取り入れたデザイン事務所」です。建築デザインという、男性的な世界にあって「女性の感性」をうまく取り入れた「きめ細やかでユーザー・フレンドリーなデザイン」を得意としています。そのようなことを、噂として知った新規顧客が、毎日のように依頼してきます。コンセプト自体が、「ちょっと相談に乗ってください」を誘発するブランド戦略です。このような設計事務所は他になく、顧客にとって魅力的なのです。

営業とは、営業マンでは手を付けられない領域、会社のイメージやブランド戦略の巧拙が、新規獲得の活性化にも大いに影響するのです。

新規顧客を取りに行く営業の問題点

これまでの営業スタイルの新規獲得についても、述べておく必要があるでしょう。ウェブ営業などいろいろありますが、テレアポや飛び込みなどが、昔からの王道的なやり方です。それらについて述べましょう。正直に申し上げると、本当にそれらは効果的かというと疑問です。

今は、モノが欲しければ顧客が自らウェブで調べてその場でコンタクトするか、今すぐ注文することもできるのです。そのような中で、営業マンの新規顧客獲得術も変わらなければならないところに来ています。

たとえばテレアポ。私のところにも、知らない番号から電話がかかってきます。出ると「私、〇〇会社の〇〇と申します。コピー機のことでお電話したのですが……」とはじまります。「あ、そのようなことは検討していません」と言うと、「すると、御社ではどのようなリース契約をされているのですか」と余計な質問がはじまって、なかなか電話を切らせてくれません。「うちでは、書類はすべてメールなどでやりとりしていて紙を使うことが稀なのです」などと説明してわかってもらいます。テレアポの方に同情しないでもありません。「たいへんですね」と思います。しかし、私はそのように電話口でテレアポの方と交渉したり約束したり、ましてやモノを買ったことは一度もありません。

さらに、飛び込み営業はどうでしょう。営業マンのいい訓練になるかもしれませんが、そのようなことばかりしていたら営業マンの心が折れてしまうのではと心配になります。意外なことに、よく知られた大きな会社でも、そのような営業を通常業務として行なっているケースがあります。あなたが顧客の側だとして、誰でも忙しいときに飛び込みセールスが来て、つっけんどんに断わった経験はないでしょうか。もし、自分の部下がそのような扱いを受けていたとしたら、大問題ではないでしょうか？

ある経営者の話です。その方には年の離れた弟がいて、ちょうど就職難の時期でもあり、兄である経営者の会社に入社することになりました。ビジネスの基本を学ぶのに、営業は最高です。そこで、まずは営業をはじめることになりました。しかし、それまで営業などやったことがなく、最初はどうしても腰が重かったと言います。そこで、やむにやまれず、飛び込み営業をやらせて弟を鍛えることにしました。「高円寺の商店街を片っ端から廻れ。30年来、米屋をやっている店でもなんでも関係なく訪問しろ。ひょっとすると〝もう米屋ではやっていけないから、息子がブティックをはじめたいと言っている〟という米屋があるかもしれない」と。そう、この会社はファッション関係の会社です。

飛び込み営業は、この経営者が最も人にやらせたくないものでした。知らない人のところにアポなしで行って、多くの場合は〝話も聞かれず〟断わられる。人格や存在を否定されるような感覚。飛び込み営業は一種の賭けでした。

経営者は、弟である〝新人営業マン〟の飛び込み営業の後をつけました。30メートル離れた電柱の物陰から眺め、「お前、がんばれ！」とこころで叫びながら見守ったと言います。愛にあふれている。幸いにも、その訓練の効果があり、立派な営業マンが一人誕生しました。

このように、十分なケアをする飛び込みならまだしも、そのようなものは少ないのが現実です。飛び込み営業で皮肉なのは、営業マンはその経験を通じて「営業は難しいものだ」と学習してしまうことです。そして、「いかに売り込むか」という間違った営業観を持つことになります。早くこんな仕事は辞めたいという営業マンも増えます。サボるなど、日々の仕事も歪みはじめます。これでは、百害あって一利なしです。そして、そのように育った営業マンばかりの会社だとしたら、どうなるでしょう。または、そのような営業マンが、新人営業マンを同じように訓練したとしたら……。営業が活性化しない原因の多くは、会社がどのような営業をさせてきたかにあります。

ソリューション営業は、顧客から請われて伺い、一緒に知恵を出し合う創造的な営業です。そして、最後は感謝され「いい営業マンだった」と尊敬される。もし新人の頃から、そのような尊敬される先輩営業マンを見て育ったとしたら、きっとすばらしい営業マンが育つことでしょう。そのような営業マンは、自分の仕事に誇りを持てるようになります。

新規顧客を獲得するには

手っ取り早く新規顧客が欲しいのなら、「認知客」に働きかけるといいでしょう。私はよく、「顧客カテゴリー」というフレームワークを使います。これを、ご紹介しましょう。私たちは、顧客を大まかに「新規客」と「既存客」に分けますが、それをさらに細かく5つの顧客カテゴリーに分類したものです。どのような業界であろうと、この5つの顧客カテゴリーに当てはまります。

まず、「新規客」は3つのカテゴリーに分類されます。「将来客」「認知客」「初回客」です。「将来客」とは、「まだ見ぬ潜在顧客」です。つまり、これまで一度も接触したことがない人たちです。飛び込みやテレアポの対象になるのは、このグループです。この人たちは、純粋に「他人」と言えます。私たちの製品やサービスに関心があるかどうかもわかりません。だいたい、どこの誰かもわかっていない人たちです。企業によっては、そのような人たちのリストを、ありがたがって入手しようとします。

将来客というのは、「将来、顧客になるかもしれない」という意味で、将来のお客さんというわけではありません。企業によっては、「自分たちの問題は知られていないことだ」と考えて、このような見ず知らずの人たちにDM広告などを打つのですが、どれほど反応があるかは、また別の話です。

新規顧客の開拓を考える人たちは、この顧客カテゴリーにアプローチしがちですが、あまり効率がいいとは言えません。まるで、街でビラ配りをして集客する感覚です。

その一方で、効率よく顧客になってもらえるのは「認知客」です。将来客の中から、やがて顧客化される人が出てきます。たとえば、「名刺交換をした人たち」などです。これを「認知客」と言います。認知客は、「こちらの存在を知ってはいるけれど、まだ取引をしたことのない人たち」です。その人たちへの接触頻度が高まると、私たちのことを覚えてくれるようになります。ですから、名刺交換した人たちの顧客リストがしっかり整備されていて、かつその人たちに何らかの情報提供を怠らない会社はすばらしいのです。

そのようにして、こちらのことを覚えてくれた認知客が、何かの拍子に私たちの商品やサービス・カテゴリーにニーズを感じることがあります。そのときに、「そうだ、彼に相談してみよう」と思い出してくれることがあります。これを「ブランド再生」と言います。最初に思い出してもらうことができれば、かなりの確率で買ってもらえます。これを「純粋第一想起」と言います。

そのようにして、認知客の一人が「初回客」に、さらに一段階、顧客化します。この時点から、初めて私たちの商品を実際に買ってくれた「顕在顧客」です。ここまでが、「新規客」に分類されます。人は、まったくの見ず知らずの人間からモノを買うよりも、認知している人から買うほうが「心理的に買いやすい」ものです。したがって、もし新規顧客がほしいのなら、将来客よりも認知客に働きかけるといいでしょう。ソリューション営業で、相談を持ち掛けてもらうのも認知客です。繰り返しになりますが、認知客に対して個別ワークショップ実施やセミナーに招待して、ソリューションを提供できることを伝えるといいでしょう。

優良客にフォーカスすると紹介が生まれる

さらにいいのは、優良客からの紹介を通じた新規獲得です。確度の高い将来客と友好的な接点を持つのは、紹介というルートです。顧客カテゴリーについて説明を続けましょう。

次は「既存客」です。既存客の中には「優良客」と「休眠客」の2つのカテゴリーがいます。ではまず、「優良客」についてお話ししましょう。「初回客」の中から「2回目、3回目とリピート購入してくれるお客さん」が出てきます。これを「優良客」と呼びます。

優良客は、私たちが何か新製品を出すと、好ましい確率で好意的に買ってくれます。ときには製品自体よりも、関係性を気にして買ってくれることもあります。そういうありがたいお客さんです。言葉を変えると、あなたから買うことに慣れている人たちでもあります。

お客さんとは、「モノを買うこと」も習慣になるものです。いつも行くスーパーマーケットで買い物をすることに躊躇する人がいないのと同様に、このお客さんたちは買うこと自体にリスクを感じません。顧客カテゴリーの中で一番大事にしたいのは、この人たちです。多くのビジネスでは、売上げの80％は優良客によってもたらされます。

そのようなお客さんにこそ、ソリューション営業をふんだんに提供していただきたいのです。優良客の最大のプロブレム・ソルバーになることです。それほど大事にするべき存在だし、それが経済的な結果にも結び付きます。

優良客は、彼自身が恩恵をもたらしてくれるだけでなく、やがて「紹介」を生んでくれるでしょう。優良客は自分が買ってくださることも含めて、あなたの応援者（ファン）なのです。あなたをもっと応援したいという思いがあります。紹介の場面では、優良客自身があなたの「いいこと」を将来客に語ってくれます。S社の同僚氏が、M氏にK課長を紹介したように、です。そのような流れを生むには、やはり彼らに尽くすことが最も確実です。

本書で述べてきたA社の事例は、まさしくこのひと言に尽きると思います。そのようなことを通じて、S社はパブリシティでA社のことを取り上げてくれたとも考えられます（もっとも、K課長もN氏もそれを目的にして取り組んだわけではないが）。ブランディング型の新規集客とは、つまり「優良客に尽くすこと」と言えます。それによって、将来客や認知客などの新規顧客を紹介してくれます。

顧客カテゴリーの最後にくるのは「休眠客」です。かつては優良客だったのに、何らかの理由で（またはなんとなく、理由もなく）離れていったお客さんです。たとえば、「昔はよく行っていたのに、最近ご無沙汰になっているレストラン」などはありませんか？

この原因は「悪くはないが、何となく」という感覚です。顧客にとって、営業マンからの新鮮な提案や驚きがなくなってくると休眠客化します。言うまでもなく、顧客が今のサービスや対応に不満があれば、当然、お客さんは離反していきます。私たちがやらなければならないのは、優良客を休眠客にしないよう、常に顧客に驚きを与え続けることです。

この顧客カテゴリーの考え方は、いつも念頭に置いておいていただきたいものです。「営業管理」のフレームワークのひとつとして、非常に大事なものです。営業マン一人ひとりがこのフレームワークを念頭に置いて、「認知客への働きかけ」と「優良客への驚き」を心がけてもらうだけで、営業実績は大きく変わるでしょう。

ケーススタディ⑦

ソリューション営業を定着させろ！

▼他の営業マンの〝営業観〟シフト

S社での成功によって、社内のそれまでの「営業観」が徐々に変わりはじめていた。「K課長のやり方が本当は正しいのではないか」と。とくに、若手の営業マンがK課長に詳しい話を聞きに来るようになった。それだけではなく、顧客からの相談があると、まずはK課長のもとに来る営業マンが増えた。

さらに、売上げの構築に関する考え方も変わりつつあった。それまでA社では、製品を売るためにプロモーションやコミュニケーションを行なって売上げを作るのが常套手段だった。当然、ここには営業マンの営業努力もある。顧客へのリベートなどもあった。

しかし、今回のプロジェクトではブランドXが売れ続ける限り、A社からの出荷も順調に伸び続けることがわかった。A社は、広告もプロモーションもリベートも必要ないばかりか、K課長とN氏の他数人のスタッフ以外、マンパワーすらも必要なかった。営業マンたちは、「大口顧客のマーケティング問題を解決することで継続的に大きな売上げを達成していく」ことを志向するようになっていった。

▼新しい営業スタイルをはじめるときに現われる課題

もっとも、すべての営業マンがそのように変わったわけではない。なかには、「S社だからうまくやれたのだ」という者もいたし、ソリューション営業を行なうには実力不足の者もいた。何よりも、営業マン一人ががんばってできる仕事ではなく、組織横断的な対応の場面では、当然ながら「セクショナリズム」も存在した。

ソリューション営業に限らず、セクショナリズムはどこの会社にも必ず存在する。実はK課長にも、最初はそのような壁があった。「最初は、社内でも〝なぜ家庭用の営業マンが、そのような面倒な仕事をするのか〟という声がありました。まずは理解度の壁です。次にあったのは、他部署は他部署で現在、手一杯の仕事を抱えているわけで、〝マンパワーを割けない〟という問題がありました。その部署にとっての優先順位の壁、または温度感の違いです。最終的には、I取締役にプロジェクト・オーナーになってもらって、組織横断的なチームを作ってもらいました」。

しかし、本当にA社内がK課長やN氏の取り組みに理解を示してサポートするようになったのは、もっと後のことである。「S社ほどの会社が取り組みを求めて真剣に動いている」ことを肌感覚で知るようになり、「今さら、その動きを止めることはできない」と理解した後である。無視できなくなったのだ。セクショナリズムなど、社内の事情を議論している暇はなかった。顧客、それも非常に影響力のある重要顧客が、本気でわれわれと働くつもりでいる。そのような「外圧」が「内圧」に打ち勝ったのだ。

▼うれしい悲鳴の営業部

その日、K課長はI取締役から来年度の予算について言われた。

「ブランドXの成功によってわが社の売上げも大きく上がり、業界でも社内でも次の動きが注目されている。そこでK君、S社でのやり方を他の顧客でも応用し、さらに高い売上げを上げたいと考えている。そんなことを前提に来年度の予算を検討してくれないか」と。

ある意味、K課長にとっては想定内のことだった。当然、S社の目標予算も今年相応のもの、またはより高い設定になる。成功の結果生まれた、さらに高い目標予算。営業部、または営業マン個人にとっては一種のジレンマかもしれない。

「今年のべらぼうな成功によって、来年の売上目標もべらぼうに高くなる」。さて、いったいどうしたものか。K課長は思案した。しかし、一方では新たな挑戦であり、これほどやりがいのある話もない。実際、K課長も決して「苦悩」している感じはない。「思案」しているのであって、前向きな気持ちでいる。切羽詰まった予算必達とは無縁の、健康的な挑戦。K課長に限らず、社内にもそのような雰囲気があった。「来年の予算がたいへんだ」は、〝うれしい悲鳴〟なのだ。会社を幸せにするのは、営業が幸せであること。うれしい悲鳴を上げていること。次のような悩みを抱えていることなのだ。

「業界や会社の中で、自分たちへの注目が高まってきている」「顧客からの問い合わせが急増して対応に追われている」「わが社のファンが増え、さらに期待を超える商品を出さなければならない」――このような悩みは、会社を元気にする。その仕事にかかわった全員が、とても気分よく悲鳴を上げているのだ。営業とは本来、このようなうれしい悲鳴に悩まされることこそ生きがいなのだ。そのような状況、つまり「売れる営業部である」ことが、会社を活性化するきっかけとなる。営業のモチベーションとはこうして上がっていくのだ。

▼ソリューション営業人材の育成

社外でも、新たな動きが起きはじめていた。S社の成功を見て、競合コンビニエンスストア・チェーンが、ブランドX同様の高品質コーヒーを外食コーヒーメーカーのY社に発注したとの情報が入った。これも、S社とA社の取組みの結果ではある。少なくとも、競争優位を一刻も早く築く必要がある。「ソリューション営業を追求していくとS社陣営、競合陣営を単位とした共同対抗戦略という概念が台頭してくるようだ」とN氏が言った。

もちろん、A社には他の大手企業からもコーヒービジネスについての相談が持ち込まれていた。そこでは、K課長とは別の営業マンがソリューションの提供を求められている。人材の育成は簡単ではなく、教育システムも必要だった。I取締役は、「現場に紐づいた教育」が大事だと考えていた。「勉強」よりも、「実践こそが勉強になる」のである。新たにくる案件は、営業マンにとってソリューション営業を実体験する場であり、当然、顧客への成果を生み出す真剣勝負そのものである。

I取締役が、新たな社内プロジェクトを立ち上げた。「S社での成功によって、顧客からのソリューション営業のニーズが増えています。そのようなニーズに、各営業マンは対応しはじめていますが、その成果やノウハウを社内で共有し、A社の本物の〝強み〟にしてはどうかと思います。そこで、各支社を単位に柔軟な発想と学ぶ意欲のある営業マンで、〝ソリューション営業勉強会〟を発足させます」。

いわば、「案件を持つ者が集まって、各人のソリューション営業の解決アイデアを出し合う実践会」である。メンバーは20代後半から30代の若手を中心に、各支社で10人程度が参加した。また、ソリューション営業の案件を持つ者だけでなく、今後、そのようなスキルを身につけたい者も含まれていた。

つまり、「やる気のある者、有志」だ。2週間に一度、業務終了後にみんなで集まって、各自の案件についての相談、発表、議論、検討、対策立案、進捗確認、結果のレビューなどをするのだ。毎回、2時間の勉強会が実施される。ときには、営業マンの誰かがファシリテーターを務めることもある。それによって、ファシリテーションのトレーニングもするのだ。さらに年に一度、全国営業会議で各支社の顕著な成功事例を発表する機会も作る。勉強会で学び、実際の顧客にソリューションを与え、成果を出す。とくに顧客から喜ばれるような成果を出した者は、社長賞が与えられる。それのみならず、昇格や昇進にも影響する。

I取締役の考えでは、「ソリューション営業を定着させる仕組み」は、このような勉強会と、会社としてそれを推奨していることを示すことだった。A社の取組みは、まだまだ緒に就いたばかりだが、競争条件は競合他社も同じである。一刻も早く着手することこそ、新たな考え方、手法を定着させるポイントなのだ。

考察⑦

わが社の営業部を変革する戦略シナリオとは？

▼売上結果が、営業の変革を加速させる

最後の章では「営業組織の改革」「人材教育」についてお話ししましょう。A社での事例は売上げが伸びただけでなく、まさにそこに結びついています。

ソリューション営業の弱点は、「時間がかかる」「手間がかかる」ことです。しかし、いったん売上成果が出はじめると、当初は取組みに懐疑的だった営業マンも、その成功と評判を見て、ソリューション営業の価値を認めるようになります。

その結果、組織の営業観が変わりはじめます。それについては、K課長が面白いコメントをしています。「内側から営業の体質変換をしようとしても、なかなかうまくいかない。口で言っても変わらないが、行動が強制的にでも変わると、そして驚くような結果が出ると考え方が変わり、結果として体質も意識も変わる」と。

多くの会社に、営業体質を変えたいというニーズはあるし、これまでも取り組んできたと思

います。成果の出たこともあったでしょう。しかし本質的には、なかなか変わることができなかったのではないでしょうか。その原因は、きっとさまざまです。コンセプトはいいが、仕組みが不十分だったり、達成基準が不明確だったり、プライオリティづけが甘かったということもあるでしょう。K課長が当初、直面したようなセクショナリズムもないとは言えません。いろいろな理由はあるにせよ、根底にあったのは、やはり「今のままでも、なんとかなるのではないか」という甘い認識、そして「古いタイプの成功レシピや営業方法から離れることができない」という営業の慣性ではないでしょうか。

しかし、成功事例を目の当たりにした後の「営業の変化」は違うと思われます。とくに感度の高い営業マンから変わっていきます。「第二、第三の成功事例」になることを目指して、営業一人ひとりが試してみたいと思うようになれば最高です。当然、営業マン自身もたいへんです。顧客はソリューションを求めて相談してくる。それに十分に応えるには、やはり相当の勉強が必要です。また、営業マン個人の能力でできることにも限界があります。組織横断的な対応も必要です。ここからが、経営者の仕事と思われます。ソリューションに取り組む土壌づくりが求められます。

セクショナリズムの問題

ソリューション営業の初期では、セクショナリズムに悩まされるかもしれません。そこで、I取締役のようなプロジェクト・オーナーを置いて解消するのです。セクショナリズムというと大企業の病気と思われがちですが、よくよく見ていると、20人程度の中小企業でも普通に見られます。ソリューション営業であるか否かにかかわらず、そもそもセクショナリズムは害悪だと、誰もが理解しているのに、なぜ依然として存在し続けるのでしょうか？

どこの会社でも、社内を見渡せばそのような病気は簡単に見つけることができます。些末なところでは、「自分の職域を侵されたくない管理職」から「隣の部署の電話をとらない社員」まで、これらは日常的に見られるセクショナリズムです。

本来であれば、協力的であることをよしとする人たちが、具体的な仕事の場面ではそうでなくなる。ここには企業組織の体質以上に、各人の「モノの見方」があるように思われます。

セクショナリズムとは、「各自がそれぞれ正しいと考えていることのぶつかり合い」だと私は考えています。お互いがよかれと思って、悪意なく非協力的になる力学があります。考えてみれば、人は自分の世界観に忠実に生きることしかできないのです。そして、世界観は人の数だけあります。

その一方で、N氏のような人もいるはずです。N氏は、K課長の申し出を脅威ではなく機会と捉えました。そして、時間と労力を割くことに決めました。K課長と同じ世界観だったのかもしれません。まずは、その人たちを味方にしましょう。

K課長が面白いことを言っていました。「最初は社内の人間であっても、敵か味方かわからないかもしれません。手探りでやっていくしかないと思われます。まるでゲリラ戦のようで、相手を説得しながら武器を手に入れて戦っていくような感覚です」と。

営業部ほど「営業改革」に否定的

そうは言っても、なかなか全社的に営業スタイルをシフトするのは難しいことが多いものです。何より、営業部自体が変わることに総論では賛成しても、各論になると反対するものだからです。むしろ、営業部ほど「営業改革」に否定的かもしれません。もちろん、これは表面的にはなかなか見えない部分です。

たとえば、経営者が「営業の改革が必要だ」などと営業部の人たちに向かって話す。言われる側は、そのときは納得してくれるのです。しかし、後々の行動を見ると、明らかに軽視していることがわかるものです。つまり、何も変わっていないのです。

そこにあるのは、「営業については自分たちが一番よく知っている」という自負です。また、「それでは、現在の業務はどうでもいいのか（いいわけがないので変わらない）」などと近視眼的に考えて、現在の仕事を粛々と継続する人もいます。さらに「変わりたいのはやまやまだけど、もしそうなると、今いる営業マンの人数は半分以下になる。失業者が出てしまう」などの「抵抗感」もあります。

たしかに、営業現場のことを一番知っているのは間違いないでしょう。その一方で、顧客を知りすぎているがゆえに、過去からの延長線上で発想してしまうのも事実ではないでしょうか。私の考えでは、「あまりにも接しすぎていると、変化を見落とす」ことがあるのです。

多くの場合、顧客や市場の変化とは微妙な動きの積み重ねです。時計の針が、毎日1度ずつずれていくようなもので、その場では昨日と何ら変わらないように見えます。しかし6ヵ月（180日）経つと180度、つまり真反対を指すようになるわけです。業績が振るわない会社というのは、そのような変化を見落とし、同じ営業をやってきたことが原因なのです。

「近視眼的発想」や「抵抗感」も、よく理解できます。これもまた、変化できない大きな理由だし、たとえば失業者を出すことをよしとするわけでもありません。しかし、ここでそれ以上の考えを止めてしまう（思考停止）としたら、やはり「沈みゆく船」になってしまうでしょう。

船が徐々に沈みつつあるのに、いつまでも「困ったね」と言っているだけのようです。もし、環境変化に対してそのような過剰人員の問題があるのなら、できるだけ早い時期から取組みをはじめたほうがよいのです。

「外圧」を使う戦略

しかし、なかなかそうしない陰にはやはり、「今のままでも何とかなるだろう」という甘い認識があるのです。世の中の動きはめまぐるしく早くなっています。その中で、営業はその動きに対応した競争力を持っているだろうか、という自問自答が必要かと思われます。

営業だけの問題ではありませんが、たとえば「シェアが低い」というのは競争の場にあって劣っているということです。競争に打ち勝つ、すなわちシェアを取るということに、もっと価値観を置いてもいいかもしれません。

もし現在、あまりうまくいってないとしたら、営業のやり方、さらには商品開発なども含めた仕事のやり方で競争に負けたからであり、環境のせいにはできません。競合もまた、同じ環境下で仕事をしているからです。

繰り返しますが、ここには「何とかなるのではないか」という甘い現状認識があります。従来通りの仕事のやり方、発想ではどんどん悪くなるばかりです。健全な危機感を営業部全体で共有し、「競争に勝ち残るのだ」という強い意思を持たなければなりません。

一方、A社のケースを見ると、社内の改革には「顧客という外圧を使う」という発想が必要だと学ばされます。しかも、S社のような重要顧客であれば最高です。ちょうど黒船がやって来て、日本が開国したのと同じです。開国論が盛んな幕末期、おそらく黒船のような外圧がなければ、日本は鎖国を続けていたことでしょう。私には、江戸末期の変化と営業スタイルの変革がオーバーラップします。これまで営業改革や体質改善をしてきたけれど、なかなかうまくいかなかった。そのような結果を見ていると、どれほど経営者が耳にタコができるほど言っても、社内は変わらないかもしれません。

しかし、「顧客が真剣に取組みを求めている」という状況なら、どんな事情があろうと社内は動かざるを得ないのです。営業マンもそうです。仮に、既存顧客のフォローがたいへんだろうと、残業をしてでも動かざるを得ないのです。顧客の要望によっては、やり方を変えなければならないのです。最初は、たった1社の顧客かもしれません。それにたった一人の営業マンが対応し、それが成果を生み評判を呼んで、社内に新しい営業スタイルのスタンダードが確立する。やがて、営業マン全員がそれをはじめれば、営業部は自動的に活性化するのです。

◢担当営業マンのプロ化◣

それと同時に、営業マン自身のプロ化は、強調してもしすぎることはないでしょう。実際のソリューション営業では、「営業マン自身が失速する」こともあります。とくに、「スピード感がなく、プロジェクトが間延びしたように感じるとき」は失速がはじまっています。営業マンが失速する原因は、意外と単純です。それは、営業マンのビジネスマンとしての能力不足です。基本的なところでは、「プロジェクトの管理ができない」「スケジュール管理ができない」「仕事が遅い」「要領が悪い」「レスポンスが遅い」などが原因です。プロとして普通のことが、普通にできない。厳しいことを言うようですが、その通りなのです。

ソリューション営業では、「傾聴」「顧客のお客様を知ること」「マーケティング・リテラシー」が大事だと述べました。もちろん、それ以外にも「ＰＤＣＡ」「スピード感」「仕事を完結させる執着心」「生きたお金の遣い方」「プロジェクト・マネジメント」「業界の関連分野や情報に敏感であること」「ビジネスマナー」「戦略シナリオを持つこと」など、数え上げればキリがありません。

教育効果が高いのは実践者

だからこそ、やはり教育が必要です。営業とは結局のところ、営業マンのクオリティ勝負なのです。これからの営業は、もっとその傾向が強くなることでしょう。「数の論理」から「質の論理」への転換。一定品質の平均的な営業マンではなく、ソリューション営業を実践できる「ハイクオリティな営業マン」へのニーズ。I取締役が「ソリューション営業勉強会」を立ち上げたのも、そのようなニーズの変化がベースにあります。

I取締役のコンセプトのよいところは、「机上の空論としてのソリューション営業を教える勉強会」ではなく、「すでに実践している案件をベースにした勉強会」であることです。教育とは、常に現場に紐づけられたものであるべきなのです。

教育効果が高い対象者は、「実践者」です。業務で実践している人に、研修やトレーニングなどを与えるのは教育効果が高いのですが、実践していない人にそれをしてもあまり効果はないでしょう。

もし、「教えてもらわないと実践できない」と考えているのなら、まずは本を読んで勉強すればよいのです。今では良書もたくさんあるし、終業後などの業務時間外でそのような努力をしてもらうのが妥当です。会社として、積極的にサポートするのはそのレベルではなくて、すでに実践していて、その中で迷いやわからないことがある人です。したがって、研修も単なる一般理論を教えるものではなく、その営業マンの顧客で起こっていることを前提にした「カウンセリング」に近いものになるはずです。

つまり「現場に即している」「役に立つ」「明日、使ってみたくなる」ことが大事だと思うのです。ビジネスマンの勉強は、学生の勉強とは違います。ぜひ、勉強会では「実践中の営業マン」を対象にしたものを企画するといいでしょう。そこで共有される知識やノウハウ、成功・失敗のケース分析は、実に多くの示唆に富むものと思われます。

このような教育を、ぜひ気にかけていただきたいと思います。ソリューション営業は、変革のひとつのきっかけになりますが、本質的な意味では、会社のクオリティと同時に営業マン一人一人のクオリティが上がることによって全体が変わるのです。

営業マンの人生にとって売上以上に大事なこと

さて、そろそろ本書も終わりです。ソリューション営業の概要については、ほぼお話できたかと思います。今後、営業マンは顧客に喜ばれるような付加価値を提供したいものです。最後に、それによって営業マンの人生がどのように変わるかを考えてみましょう。

「営業」という響きに、まだまだ「予算達成」などのイメージを持つ人は多いでしょう。かつての私もそうでした。サラリーマンとして営業をやっていた頃は「今の売上げは一時的なことだ」と考えていました。「3ヵ月商談」をやっていてもそうです。今月達成しても、来月になったらまた目の前に新しい売上目標が現われ、それを追う。「いったい、いつまで売上目標を追い続けるのだろう」。常に、新規案件を求めなければならない。私は、そのような生活に嫌気がさしていました。ですから、当時はあまり営業が好きではありませんでした。

一方、会社にとって、営業マンの好みがどうであろうと、一つひとつの売上目標を達成する価値は非常に大きいことです。ここに、会社と営業マン個人のギャップがあります。さらには、経営者こそ、誰よりも売上げが欲しい。それは真実だし、否定するものではありません。

一方で、経営者は「ただ売上げを作ってくれればいい」とだけ考えているわけでもありません。できることなら、部下である営業マンが、顧客から少しでも尊敬されていること。ぜひ、自社の営業マンにはそのようになってほしいと経営者は考えています。「御社の営業さんは、他社とは一味もふた味も違いますね」と言われたいのです。同時にこれは、営業マン自身の願いでもあります。誰も「ただ売上げがいいだけの営業マン」になりたいとは考えていません。自分の人生を賭けるに足る仕事をしたい。それは顧客や社会の役に立つこと。そして尊敬され、ビジネスマンとして自己実現が図れること。売上げは単なる数字ですが、こちらは営業マン自身の人生に関わる問題なのです。

繰り返しますが、「尊敬され、ビジネスマンとして自己実現が図れること」――これが、営業マンのニーズです。そのためには、「そのような仕事をさせる」ことが必要です。会社は、営業マンに顧客の役に立つ仕事をさせているか。それによって、うちの営業は顧客から尊敬されているだろうか。これこそが、経営者が自ら問うべき「営業改革のポイント」なのです。

おわりに

本書は、セブン－イレブンの「セブンカフェ」の開発をモチーフにしています。それをセブン－イレブン側ではなく、実際にプロジェクトに携わった味の素ゼネラルフーヅの営業マンの物語として書き上げました。世の中では、セブンカフェの成功事例は多く喧伝されていますが、私はそれを陰の立役者であるメーカー、サプライヤーの視点で書いてみたいと思いました。ここに、顧客の役に立つプロの営業マン像、または現在、求められる姿があると考えたのです。とくに、高度な問題解決を提供する営業マンの仕事に関心がありました。

事実、K課長もN氏も実在する人物です。プロジェクトがはじまったのは2010年12月。その3か月後の2011年3月11日に、東日本大震災が起きます。日本経済はすべてがストップし、当プロジェクトも影響を受けました。本書の中では触れませんでしたが、チームにはそれにも負けないバイタリティと情熱がありました。味の素ゼネラルフーヅは、私がキャリアをスタートさせた会社でもあります。若い頃に勉強をさせてもらった会社の同僚がすばらしい仕事をしてくれたことを、私はぜひ、みなさんに紹介したいと考えました。

ただし、このケーススタディは、セブンカフェ開発の裏話を「そっくりそのまま」書いたものではありません。それは話を聞いていた私に、元同僚たちに対する倫理的な守秘義務があること、またソリューション営業をわかりやすく一般化して伝えるには、あえて「物語化」したほうがよい部分もありました。

そこで「クリアカット・アプローチ」を心がけ、読みやすいケーススタディを書き上げました。それもあって、本書では「セブンカフェ」などの特定固有名詞を出さず、S社、ブランドX、A社など「架空の会社の事例」としてご紹介しました。したがって、すでに他の書籍や雑誌などで流れているセブンカフェの情報とは違うこともありますが、ご了承ください。あくまでも、本書の目的がソリューション営業の実態を伝えることにあることをご理解ください。

本書を書くに当たり、味の素ゼネラルフーヅ株式会社広域支社第一営業部の黒岩紳郎部長（当時はK課長）、私と同期入社の業務用事業部外食・オフィス部の中山剛部長（N氏）、そして中山さんのよき右腕、中澤正規統轄マネージャーにはたいへんお世話になりました。この3人の方には、私が同社に在籍した頃から懇意にしていただいています。あらためてお礼を申し上げます。また日頃、お付き合いさせていただいているクライアント企業の方々、いつもありがとうございます。最後に、同文舘出版株式会社取締役・編集局ビジネス書編集部部長、古市達彦様、私の大幅な原稿書き直しのお願いを聞いてくださり、本当にありがとうございます。すべての方々に、心より感謝しています。

2014年9月

水野与志朗

水野与志朗（みずのよしろう）

経営者、経営コンサルタント、著述家、講演家
ビーエムウィン（水野与志朗事務所株式会社）代表取締役社長
（財）ブランド・マネージャー認定協会理事

1968年5月6日生まれ。1992年学習院大学経済学部卒業。味の素ゼネラルフーヅ（株）大阪支店第一営業課、営業統轄室営業企画グループ、コーヒーマーケティング部ブレンディグループにてキャリアを積む。その後、マキシアムジャパン（株）にて「レミーマルタン」「アブソリュート・ウォッカ」などのブランド・マネージャー、マーケティング・マネージャーを務め、さらにハーシージャパン（株）にて日本市場全体を統轄するマーケティングディレクターを務める。2002年に『ブランド・マネージャー』（経済界）を出版。それをきっかけに読者から相談の依頼を受けるようになり独立。以来「あなたが必要だと世の中から求められる会社」を増やすことを願い、マーケティング、ブランディングを得意とする経営コンサルタントとして200社以上の経営者、事業責任者と働く。現在はいくつかの会社の役員も務める。どこの会社でも、営業はマーケティングの重要課題として取り組んできた。

【著書実績】
『ブランド・マネージャー』（経済界）、『戦略的パブリシティ』（オーエス出版）、『THE BRAND BIBLE』（総合法令）、『ブランド戦略実践講座』（日本実業出版社）、『たった1年で紹介が紹介を生むコンサルタントになる法』（同文舘出版）

水野与志朗公式サイト
http://www.bmwin.co.jp/

「相談からはじまる営業」ならこんなに売れる！

平成26年 11月 21日　初版発行

著　者 —— 水野与志朗
発行者 —— 中島治久

発行所 —— 同文舘出版株式会社

東京都千代田区神田神保町1-41　〒101-0051
電話　営業03（3294）1801　編集03（3294）1802
振替 00100-8-42935　http://www.dobunkan.co.jp

ISBN978-4-495-52831-7

印刷／製本：三美印刷　Printed in Japan 2014